Die richtigen Pflanzen für

Schattenplätze im Garten

Die richtigen Pflanzen für

Schattenplätze im Garten

Die richtigen Pflanzen für

Schattenplätze im Garten

Helga Gropper
Fotos von Elke Borkowski

Die richtigen Pflanzen für

Schattenplätze im Garten

vielfältig · bewährt · einfach schön

Deutsche Verlags-Anstalt

Inhalt

Gartenzauber im Schatten 6

Schattenpflanzen für unsere Gärten 10
- Verschiedene Lebensbereiche 12
- Verwendung im Garten 15
- Pflanzenauswahl 17

Ist Schatten immer gleich Schatten? 18
- Lichter Schatten und wandernder Schatten 20
- Halbschatten 22
- Vollschatten 24
- Tiefer Schatten 26

Pflanzungen an Gehölzen sind anders 28
- Tropfenfall 31
- Laubfall 32
- Wurzeldruck und Konkurrenz 34
- Luftfeuchtigkeit 36
- Temperatur 38

Bodenvorbereitung und -pflege 40
- Bodenvorbereitung 42
- Bodenpflege 45
- Bodenfeuchtigkeit 49
- Spezialfall Rhododendren (und andere Pflanzen für saure Böden) 52

Gestalten mit Schattenpflanzen 56
- Schattenblüten 58
- Blühdauer 64
- „Es grünt so grün“ – Aber nicht immer! Farbiges Laub im Schatten 67
- Blatttexturen 74
- Strukturen und Wuchshöhen 78

Immergrüne Gehölze und Stauden 80
Die dritte Dimension: Kletterpflanzen 85

Schattenpflanzungen in den Jahreszeiten 86
Frühling 88
Sommer 90
Herbst 92
Winter 95

Pflanzungen für spezielle Ansprüche 96
Pflegeleichte Pflanzungen 98
Robuste Pflanzen, auch für Gartenneulinge 99
Schneckensichere Pflanzungen 103
Pflanzen für saure Böden 107

Schwierige Standorte und Lösungsmöglichkeiten 110
Trockener Schatten 112
Tiefer Schatten 116
(Stau)Nasse Böden 121
Stark durchwurzelte Böden unter Gehölzen 124
Intolerante Gehölze 125

Wichtige Schattenpflanzen für Ihren Garten 128
Gehölze, Bodendecker, Klettergehölze 130
Stauden, Gräser, Farne, Zwiebelpflanzen 138

Anhang 155
Register 155
Adressen 160
Impressum 160

Gartenzauber im Schatten

Wohl in jedem Garten gibt es wenigstens einige schattige Ecken: in neu angelegten Gärten zumindest den im Tagesverlauf sich verändernden Schlagschatten des Wohnhauses und eventuell der Garage, in eingewachsenen Anlagen den Schattenwurf bereits zu ihrer endgültigen Größe gelangter Bäume und Sträucher, eines Gartenhäuschens oder einer bewachsenen Pergola. Nicht selten verursachen aber auch Besonderheiten des Grundstücks schattige Partien oder sogar eine Beschattung des gesamten Gartens. Das könnte zum Beispiel eine nur noch schmale Fläche zwischen dem eigenen Haus und angrenzenden Gebäuden auf dem Nachbargrundstück sein, ein Innenhof, der von hohen Nachbargebäuden umschlossen wird, oder, bei größeren Grundstücken, ein ausgedehnter Gehölzbestand.

Schatten im Garten – ein Nachteil?

Oft wird eine Beschattung einzelner Partien oder gar des ganzen Gartens als äußerst nachteilig empfunden, und um eine Begrünung der als schwierig eingeschätzten Pflanzsituationen zu erreichen, greifen Gartenbesitzer gerne zu einer Art Notbepflanzung aus anspruchslosen und sehr robusten Pflanzen, um ein gutes Gedeihen zu gewährleisten. Leider werden dabei nicht selten gestalterische Aspekte völlig außer Acht gelassen: Schattenpflanzungen bestehen häufig aus langweiligen Allerweltssträuchern, Ansammlungen düster wirkender Immergrüner oder Bodendecker-Monokulturen. Dabei bieten Schattenzonen ein sehr großes und völlig anders geartetes Potential als Pflanzflächen in der Sonne: Hellen Blütenfarben, insbesondere Weiß oder Gelb, kommt im Schatten eine viel größere Bedeutung zu, da sie im gedämpften Licht schön leuchten und Schattenbereiche optisch aufhellen. Auch Blätter haben hier einen anderen Stellenwert: Viele Pflanzen, deren Schmuckwirkung vor allem auf ihrem Laub beruht, sind auf das Fehlen direkter Sonneneinstrahlung angewiesen. Dazu gehören beispielsweise zartlaubige Farne und Gräser ebenso wie Pflanzen mit sehr großem Laub, die über die ausgedehnte Blattoberfläche viel Wasser verdunsten, oder Pflanzen mit weiß- oder gelbbunten Blättern, bei denen häufig die Sonnenverträglichkeit durch das fehlende Chlorophyll herabgesetzt ist. Sie alle können nur im kühlen Schatten zufriedenstellend gedeihen und sich zu ihrer vollen Schönheit entwickeln. Unter Berücksichtigung der Besonderheiten von Pflanzen für schattige Lagen und ihres gestalterischen Potentials entstehen Kombinationen, deren Charakter sich von denen sonniger Pflanzflächen grundlegend unterscheidet.

Geheimnisvoll und vielfältig

Beinahe unendlich groß sind die Möglichkeiten, vielfältige und kreative Schattenpflanzungen zu schaffen. Keineswegs muss man sich, wie oft vorgeschlagen, bei der Bepflanzung von Schattenbereichen hauptsächlich auf Blattschmuckpflanzen beschränken: Auch wenn manche Stauden und Gehölze für den Schatten mit nur kleinen Blüten aufwarten, so gibt es doch eine Fülle von Schattenkindern mit prächtigen Blüten in auffallenden Farben. Größtmögliche Schönheit entsteht, wie immer in der Gartengestaltung, durch vielfältige Kombinationen aus Blütenfarben und -formen, Strukturen, Blattfarben und -texturen.
Sowohl die anders gearteten Pflanzengesellschaften als auch das gedämpfte Licht schattiger Gartenbereiche können dazu beitragen, eine besondere und geheimnisvolle Atmosphäre zu schaffen. Hinzu kommen die kühleren Temperaturen im Schatten, die die dort gelegenen Sitzplätze an heißen Sommertagen zu begehrten Aufenthaltsorten werden lassen. Wenn man davon ausgeht, dass der Klimawandel in den nächsten Jahren fortschreiten wird, kann man schattige Gartenplätze gar nicht hoch genug schätzen. Falls Sie also in Ihrem Garten mehr oder weniger große Partien haben, die ganz oder zum Teil beschattet sind, und die Möglichkeit, dort Pflanzungen zu verwirklichen, freuen Sie sich – und begleiten Sie mich in die Wunderwelt der Schattengärten.

Seite 6/7: Viele Schattenpflanzen wissen erhöhte Luftfeuchtigkeit, wie hier am Rand des Wasserbeckens, zu schätzen.

Rechte Seite: Dieser attraktive Schattenplatz zeichnet sich durch seine stimmige Verwendung von Blatt- und Blütenschmuckpflanzen aus.

Schattenpflanzen für unsere Gärten

Pflanzen, die in unseren Gärten Verwendung finden, sei es nun in sonnigen oder in schattigen Lagen, entstammen natürlichen Lebensräumen und Pflanzengesellschaften. Entweder, gerade bei Schattenpflanzen nicht selten, als reine Arten, die so auch in der Natur angetroffen werden können, oder aber als züchterisch bearbeitete Pflanzen, die zwar so in der Natur nicht vorkommen, bei denen jedoch die Elternpflanzen, von denen sie abstammen, am Naturstandort zu finden sind. Aus welchen Lebensräumen und Pflanzengesellschaften stammen nun die Gehölze und Stauden (Stauden = mehrjährige, krautige Pflanzen; Einjährige werden in diesem Buch nicht behandelt), die im Schattengarten Verwendung finden können? In aller Regel kommen schattenliebende Gehölze und Stauden in enger Beziehung zu größeren Gehölzen vor.

Seite 8/9: Zwei Wildarten, die Einzug in unsere Gärten gefunden haben: Das heimische Buschwindröschen *(Anemone nemorosa)* und das Spanische Hasenglöckchen *(Hyacinthoides hispanica)* aus Südeuropa.

Oben links: Unser heimischer Wald-Geißbart *(Aruncus dioicus)* stellt eine vorzügliche, stattliche Gartenpflanze für Einzelstellung oder kleine Gruppen dar.

Oben rechts: Das Leberblümchen *(Hepatica nobilis)* aus unseren Wäldern eignet sich ausgezeichnet zur Gehölzunterpflanzung im Garten.

Rechte Seite: Mit heimischen oder fremden Wildarten wie Schneeglöckchen *(Galanthus nivalis)* oder Frühlings-Alpenveilchen *(Cyclamen coum)* lassen sich im Gehölzbereich wunderbar natürlich anmutende Gartenbilder schaffen.

Verschiedene Lebensbereiche

Schattenliebende Gehölze und Stauden wachsen in der Natur häufig in oder am Rand von Baumgruppen, hohen Hecken oder Wäldern. Zwar gibt es in der Natur auch andere schattige Standorte, wie zum Beispiel mehr oder weniger steile Nordflanken von Bergen oder tiefe Schluchten, meist aber sind es große Bäume und Sträucher, die Schatten für kleinere Gehölze und krautige Pflanzen produzieren. Hier kann man noch einmal zwischen Wald und Waldrand unterscheiden, da diese beiden Standorte unterschiedliche Bedingungen aufweisen. Der Weihenstephaner Staudenexperte Professor Dr. Josef Sieber hat für Stauden ein System der Lebensbereiche weiterentwickelt, das die jeweiligen Bereiche mit Buchstaben abkürzt und unterschiedliche Bodenverhältnisse durch ergänzende Zahlen darstellt. Dieses System stellt eine Vereinfachung des ursprünglichen Lebensbereichesystems nach R. Hansen und H. Müssel dar und ist gerade für Hobbygärtner leichter umzusetzen. Bei Schattenpflanzungen wird hier zwischen den Lebensbereichen Gehölz (G) und Gehölzrand (GR) unterschieden, und

Lebensbereiche Gehölz (G) und Gehölzrand (GR)

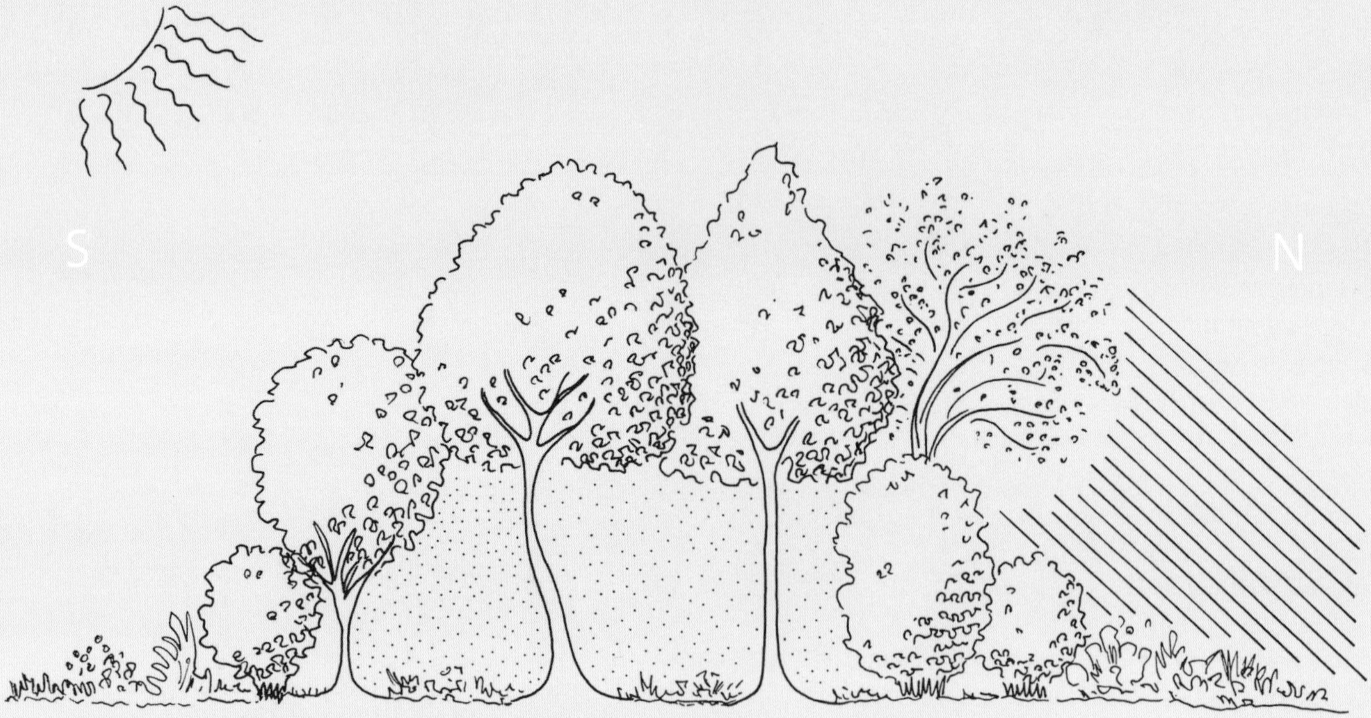

Skizze nach Prof. Dr. J. Sieber: „Die Lebensbereiche der Stauden: Gehölz und Gehölzrand"

Sonniger Gehölzrand

Sonnig bis halbschattig, warm, u. U. auch trocken. Deutlich höhere Temperaturen und geringere Luftfeuchte als im Bereich Gehölz. Die hier vorkommenden Stauden verfügen häufig über Verdunstungsschutz auf den Blättern (Behaarung, Bereifung) und ein tiefer gehendes Wurzelsystem. Viele sind ausläufertreibend. Sie eignen sich gut für halbschattige Lagen mit Besonnung in den Nachmittagsstunden. Angaben zur Bodenfeuchte wie »absonniger Gehölzrand«.

Gehölz

Lichtschattig oder schattig. Durch den Baldachin der Baumkronen entsteht ein geschützter Bereich mit erhöhter Luftfeuchtigkeit, reduzierter Luftbewegung und abgepufferten Temperaturunterschieden. Die dort gedeihenden Pflanzen verfügen in der Regel über grüne Blätter ohne Verdunstungsschutz und zarte, dicht unter der Bodenoberfläche liegende Wurzeln. Angaben zur Bodenfeuchte wie »absonniger Gehölzrand«.

Absonniger Gehölzrand

Halbschattig bis schattig, kühl, u. U. auch mit höherer Bodenfeuchte. Aus diesem Lebensbereich stammende Stauden können gut im Halbschatten mit Beschattung in der zweiten Tageshälfte verwendet werden. Der Grad der Bodenfeuchte wird in Ziffern ausgedrückt:

1 = trocken
2 = frisch
3 = feucht

die Bereiche werden dann, abhängig von Himmelsrichtung und Bodenfeuchtigkeit, noch einmal untergliedert. Auch bei kleineren Bäumen und Sträuchern, die als Unterwuchs im Wald oder am Waldrand gedeihen, kann dieses System der Lebensbereiche Anwendung finden.

Verwendung im Garten

Bei der Verwendung der Pflanzen im Garten ist eine eindeutige Trennung zwischen den Lebensbereichen Gehölz und Gehölzrand nicht immer möglich. Abhängig von den Standortbedingungen, werden häufig Stauden und Gehölze aus beiden Bereichen kombiniert verwendet. Kombiniert werden sollten bei der Bepflanzung immer auch heimische und fremde Arten beziehungsweise deren Abkömmlinge, was aufgrund der viel größeren Bandbreite an Blütenfarben und -formen, Wuchshöhen, Blatttexturen und -farben sowie Blütezeitpunkten vielfältigere Gestaltungsmöglichkeiten bietet. Wenn Pflanzen den Lebensbereichen Gehölz oder Gehölzrand entstammen, bedeutet dies bei der Verwendung im Garten selbstverständlich nicht, dass sie ausschließlich in Beziehung zu Gehölzen verwendet werden können. In diesen Lebensbereichen vorkommende Stauden und Gehölze eignen sich meist auch für im Schatten von Mauern oder Gebäuden liegende Pflanzflächen, schattige Innenhöfe oder Beete, insbesondere Stauden, die durch züchterische Bearbeitung den Charakter von Beetstauden erhalten haben. Bei ihnen wird nach der Kennzeichnung des Lebensbereiches ein kleines »b«(-b) angehängt, um diese Besonderheit hervorzuheben.

Oben: Stauden wie Lungenkraut (links), Christrose (rechts) oder Engelstränen-Narzisse (hinten) eignen sich sowohl für Pflanzungen im Gehölzbereich (G oder GR) als auch für schattigere Beete.

Unten: Der Straußenfarn dagegen treibt Ausläufer und eignet sich nicht für Beete, sondern besser für naturnahe Pflanzungen.

Oben: East meets west: Die aus Nordamerika stammende Dreiblattspiere bildet einen hübschen Kontrast zu den kräftigen Blättern der ursprünglich aus Asien stammenden Hosta.

Links: Der züchterisch bearbeitete Herbst-Eisenhut *(Aconitum* × *carmichaelii* 'Arendsii') eignet sich sehr gut für Beete.

Rechte Seite, oben: Eine schöne Kombination für halbschattige Pflanzplätze: Blau blühender Storchschnabel und Frauenmantel *(Alchemilla mollis)*, im Hintergrund ein Schneeball.

Rechte Seite, unten: Schildfarn und unsere heimische Haselwurz eignen sich sowohl für Gehölz- als auch für Gehölzrand-Bereiche.

Pflanzenauswahl

Gerade für noch nicht so erfahrene Gartenbesitzer kann das System der Lebensbereiche eine praktische Hilfestellung bieten: Gute Staudengärtnereien orientieren sich in ihren Katalogen bei der Beschreibung der Standortansprüche an diesem System. Die Untergliederung in die Lebensbereiche Gehölz und sonniger und absonniger Gehölzrand bei unterschiedlicher Bodenfeuchte ermöglicht eine präzise Abstimmung der Pflanzen auf die jeweiligen Standortbedingungen, was die Auswahl für schattige Flächen sehr erleichtert. In Gehölzkatalogen gibt es kein vergleichbares System: Hier stellt in der Regel die Unterscheidung zwischen vollsonnigem, sonnigem, absonnigem, halbschattigem und vollschattigem Standort die differenzierteste Kurzbeschreibung dar. Ansprüche an die Bodenbeschaffenheit müssen den weiterführenden Beschreibungen der Pflanzen entnommen werden.

Ist Schatten immer gleich Schatten?

Keineswegs. Die verschiedenen Schattenarten sind fast so vielfältig wie die Pflanzengesellschaften, die dort gedeihen. Eine Unterscheidung lediglich zwischen Halbschatten und Schatten, wie sie in manchen Gartenkatalogen zu finden ist, ist deshalb nicht differenziert genug.

Nur wenn man sich über Lichtmenge und -intensität im Klaren ist, kann man für die jeweiligen Standorte passende Pflanzen auswählen. Wichtig ist die Unterscheidung zwischen diesen beiden Größen. Während sich die Lichtmenge an der Dauer der Besonnung bzw. Beschattung bemisst, bezeichnet die Lichtintensität, gemessen in Lux, die Lichtstärke. Im Folgenden werden die unterschiedlichen Schattenarten in vier Kategorien eingeteilt: lichter und wandernder Schatten, Halbschatten, Vollschatten und tiefer Schatten.

Lichter Schatten und wandernder Schatten

Diese beiden Varianten sind die »hellsten« unter allen vorgestellten Schattenarten. Dort hat man, wie auch noch im Halbschatten, die größten gestalterischen Möglichkeiten und die größte Auswahl an Pflanzenarten, die unter diesen Bedingungen gut gedeihen. Eine lichte Beschattung entsteht entweder durch nicht zu ausladende oder niedrige Gehölze, wie zum Beispiel kleinkronige Bäume, kleinere Sträucher oder auch Hecken von begrenzter Höhe, sowie kleinere Bauten wie niedrige Gartenmauern, Gartenhäuser, einen Pavillon oder eine nicht zu dicht bewachsene Pergola. Die Lichtmenge ist etwas reduziert, die Lichtintensität ist aber durch die eingeschränkte Größe der schattenwerfenden Pflanzen oder Objekte noch relativ hoch.

Wandernder Schatten entsteht zum Beispiel zwischen lockeren Gehölzgruppen. Durch den im Tagesverlauf sich ändernden Stand der Sonne entstehen veränderliche Licht- und Schattenbereiche in der Pflanzung. Zwischenräume in Ästen und Zweigen werden von Sonnenstrahlen durchdrungen und verleihen solchen Flächen häufig eine gesprenkelte, von Lichtinseln durchdrungene Beleuchtung. Auch hier ist die Lichtmenge etwas reduziert, die Lichtintensität aber doch noch relativ hoch. Die Dauer der Besonnung kann, wenn man alles zusammenrechnet, fünf bis sechs Stunden am Tag ohne weiteres übersteigen. Die Lichtverhältnisse des wandernden Schattens ähneln denen des Halbschattens.

Beide Schattenarten bieten typische Plätze für Stauden aus dem Lebensbereich Gehölzrand. Aber auch viele Pflanzen, die eigentlich sonnigen bis halbschattigen Lebensbereichen zuzuordnen sind, kommen im lichten oder wandernden Schatten noch sehr gut zurecht.

Seite 18/19: Viele gelblaubige Hosta sind für lichtschattige Standorte bestens geeignet: Bei zu viel Sonne verbräunen häufig die Blätter, bei zu tiefem Schatten jedoch färbt sich das Laub grün.

Unten: Halb- oder lichtschattige Bereiche am Gehölzrand sind ideal für zart- oder buntlaubige Stauden wie Herzblume oder Gelbbunter Beinwell.

Rechte Seite: Unter feinblättrigen Pflanzen wie Bambus entstehen Bereiche mit im Tagesverlauf sich ändernden Lichtverhältnissen.

Halbschatten

Halbschatten meint, dass die Pflanzfläche ungefähr den halben Tag besonnt ist. Um in diese Kategorie zu fallen, sollte die Halbe-Halbe-Einteilung zumindest einigermaßen zutreffen. Auch wenn man unbedingt eine bestimmte Pflanze für seinen Garten haben möchte – zwei Stunden Sonne am Tag sind wirklich noch kein Halbschatten! Eine solche Situation ist eher als schattig einzuordnen.

Wichtig ist auch, zu welcher Tageszeit die Fläche besonnt und wann sie beschattet ist. Während schattenliebende Waldpflanzen mit sonnenempfindlichen Blättern an einem halbschattigen Platz mit vormittags Sonne und mittags und nachmittags Schatten höchstwahrscheinlich gut gedeihen würden, könnten diese Bedingungen für Pflanzen, die für Sonne und Halbschatten geeignet sind, schon zu schattig sein. Dies gilt im umgekehrten Fall – vormittags Schatten, ab Mittag dagegen besonnt – genauso. Pflanzen, die für Sonne bis Halbschatten geeignet sind oder dem sonnigen Gehölzrand entstammen, würden dort noch gut gedeihen, während es für schattenliebendere, empfindlichere Stauden aus den Lebensbereichen Gehölz und absonniger Gehölzrand dort schon zu heiß und die Sonneneinstrahlung zu intensiv sein könnte.

Oben: Durch umgebende Gehölze und Bauten werden die Pflanzflächen hier zumindest einen Teil des Tages beschattet, was sie zum passenden Standort für Frauenmantel, Astilben oder Funkien macht.

Rechte Seite: Ein dicht bewachsenes Rankgerüst oder eine Pergola schaffen, je nach Ausrichtung, Bereiche mit unterschiedlichen Lichtverhältnissen von sonnig bis schattig.

Vollschatten

Vollschatten bedeutet, dass der Standort alles in allem von morgens bis abends beschattet ist. Die Lichtmenge ist mit ca. zwei bis drei Stunden Sonnenlicht pro Tag schon stark reduziert, die Lichtintensität aber noch ausreichend. Pflanzen, die in der Natur im Wald (Lebensbereich Gehölz), unter Einzelgehölzen oder auch am absonnigen Gehölzrand wachsen, gedeihen unter diesen Bedingungen in der Regel noch gut. Schwieriger wird es, wenn zum reduzierten Licht noch andere widrige Standortfaktoren wie Bodentrockenheit oder Staunässe kommen. Für solche Extremstandorte müssen die Pflanzen, die dort angesiedelt werden sollen, mit besonderer Sorgfalt ausgewählt werden, und die Palette der möglichen Gehölze oder Stauden ist deutlich reduziert.

Problematische Standorte im Schatten werden im Kapitel »Schwierige Standorte« noch gesondert behandelt.

Tipp! Stauden, die für halbschattige Lagen geeignet sind, stammen in der Regel aus dem Lebensbereich Gehölzrand. Beachtet werden sollte hier, wie oben schon erwähnt, die Unterscheidung zwischen sonnigem und absonnigem Gehölzrand. Wenn eine halbschattige Fläche nur vormittags besonnt ist, werden sich in der Regel Pflanzen für den absonnigen Gehölzrand dort wohl fühlen, während bei Halbschattenbeeten mit Besonnung ab Mittag Gehölze und Stauden für den sonnigen Gehölzrand geeigneter sind.

Linke Seite: Dichte Bestände sommergrüner Gehölze lassen für darunter anzusiedelnde Pflanzen mitunter vollschattige Plätze entstehen. Zwiebelblumen wie Hasenglöckchen kommen damit gut zurecht: Wenn das Laub der Gehölze voll entwickelt ist, ziehen sie ein und überdauern so die lichtarme Zeit bis zum nächsten Frühjahr.

Rechts: Auch in kleinen Gärten oder Gartenhöfen, die ringsum von hohen Gehölzen oder Gebäuden umgeben sind, kann die Lichtintensität schon stark reduziert sein.

Tiefer Schatten

Tiefer Schatten kennzeichnet Extremstandorte. Solche Bereiche finden sich unter großkronigen Bäumen mit tief ansetzenden Ästen und sehr dichter Belaubung oder zwischen hohen Gebäuden, zum Beispiel in sehr kleinen Innenhöfen, umgeben von mehrstöckiger Bebauung, wie man sie nicht selten im innerstädtischen Bereich findet. Dort sind sowohl die Lichtmenge als auch die Lichtintensität so gering, dass viele Pflanzen nicht mehr gedeihen können. Insbesondere die geringe Luxzahl, also die geringe Lichtintensität, macht die Situation schwierig. Für das menschliche Auge sind Unterschiede der Lichtintensität häufig kaum wahrnehmbar, für Pflanzen jedoch sind sie deutlich festzustellen. Selbst Pflanzen mit geringem Lichtbedarf benötigen immerhin mindestens 400 bis 600 Lux, und das für einige Stunden am Tag. Liegen die Werte darunter, werden alle Stoffwechselvorgänge enorm erschwert (das gilt übrigens auch für Zimmerpflanzen), und bei weniger als 300 Lux ist kaum noch Pflanzenwachstum möglich. Wenn allerdings im Tiefschatten gar nichts mehr gedeihen will und Pflanzen absterben, ist dies häufig nicht allein dem Lichtmangel zuzuschreiben, sondern auch durch andere nachteilige Standortfaktoren wie Trockenheit, Nährstoffmangel oder Konkurrenz durch das intensive Wurzelwerk umgebender Gehölze bedingt.
Im tiefen Schatten kommen nur robuste, äußerst schattenverträgliche Pflanzen noch gut zurecht. Um ansprechende Gartenbilder zu erzielen, müssen nach dem Vorbild der Natur alle Möglichkeiten ausgeschöpft werden. So kann man sich unter dichten, sommergrünen Laubgehölzen zum Beispiel mit frühjahrsblühenden Zwiebelpflanzen behelfen. Während die Gehölze im Frühjahr noch ohne Laub dastehen und der Boden darunter deshalb mehr Licht erhält, blühen die Zwiebelpflanzen. Sie sind, wenn sich das Blätterdach langsam schließt, bereits wieder eingezogen und überdauern so die lichtarme Zeit bis zum nächsten Frühjahr.

Linke Seite: Knollenpflanzen wie das Frühlings-Alpenveilchen *(Cyclamen coum)*, das nach der Blüte einzieht, eignen sich für tiefschattige Bereiche unter sommergrünen Gehölzen.

Rechts: Das Kleine Immergrün *(Vinca minor)* ist ein robuster und schattenverträglicher Bodendecker. Sorten mit weißen Blüten und gelbbuntem Laub hellen dunkle Partien zusätzlich auf.

Unten: Efeu gehört zu den schattenverträglichsten Gehölzen und kommt mit Tiefschatten, zum Beispiel unter großen Gehölzen, gut zurecht.

Pflanzungen an Gehölzen sind anders

Nicht nur durch besondere Lichtverhältnisse unterscheiden sich Schattenbeete von Beeten in der Sonne: Viele Pflanzungen im wandernden Schatten, Halbschatten oder Schatten befinden sich im Bereich mehr oder weniger großer Bäume oder Sträucher. Um dort schöne und vor allem dauerhafte Pflanzenkombinationen verwirklichen zu können, ist es wichtig, die Besonderheiten von Pflanzungen an Gehölzen zu kennen und bei der Auswahl der Pflanzen darauf einzugehen. Als Faustregel kann jedoch gelten, dass viele der Pflanzen, die den Lebensbereichen Gehölz und Gehölzrand zugeordnet werden, mit den im Folgenden aufgeführten speziellen Standortbedingungen gut zurechtkommen.

Tropfenfall

Auf Blättern und Zweigen größerer Gehölze sammelt sich bei Niederschlägen das Wasser und fällt von dort in großen Tropfen zu Boden bzw. auf die darunter angesiedelten kleineren Pflanzen. Dieser Tropfenfall ist ein Charakteristikum im Bereich von Gehölzen und wird deshalb von Pflanzen, deren natürliches Vorkommen nicht in den Lebensbereichen Gehölz oder Gehölzrand liegt, oft nicht sehr gut vertragen. Man könnte einwenden, dass Regentropfen ja schließlich auch auf die Pflanzen fallen, ohne dass sie dadurch gleich geschädigt werden, aber die von Bäumen oder Sträuchern herabfallenden Tropfen sind wesentlich größer und schwerer als Regentropfen – und vor allem fallen sie häufig kontinuierlich auf immer dieselben Stellen. Insbesondere Pflanzen mit weichem oder sehr zartem Laub vertragen das nicht selten schlecht und werden von Pilzkrankheiten oder Fäulnis befallen. Dies ist der Grund, warum die meisten Rosen, auch solche, die mit Halbschatten noch gut zurechtkommen, in der Regel nicht unter Gehölzen angesiedelt werden können: Der Tropfenfall bekommt ihnen einfach nicht.

Seite 28/29: Um anspruchsvolle, vielseitige Pflanzungen vor und zwischen Bäumen und Großsträuchern verwirklichen zu können, müssen die verwendeten Kleingehölze und Stauden sorgfältig auf die vorgesehenen Pflanzplätze (sonnig, absonnig) abgestimmt sein und mit den Besonderheiten im Bereich von Gehölzen zurechtkommen.

Linke Seite: Immergrüne Gehölze wie Buchsbaum, sommergrüne, im Unterwuchs lichter Wälder gedeihende Sträucher wie die Eichenblatt-Hortensie *(Hydrangea quercifolia)* und Waldpflanzen wie Lungenkraut *(Pulmonaria)* sind an den Tropfenfall unter Bäumen angepasst.

Rechts: Auch Stauden wie Funkien, Farne, Storchschnabel *(Geranium)*, Fingerhut *(Digitalis purpurea)* und Frauenmantel *(Alchemilla mollis)* haben mit den speziellen Bedingungen im Gehölz- und Gehölzrandbereich keine Probleme.

Laubfall

Pflanzungen im Bereich größerer sommergrüner Laubgehölze sind im Herbst von Laubfall betroffen, und auch dies wird nicht von allen Pflanzen gleich gut vertragen:
Pflanzen, die in der Natur in sommergrünen Laubwäldern vorkommen, kommen häufig sehr gut damit zurecht und schätzen sogar den durch Verrotten des Laubs entstehenden Humus. Waldstauden, wie beispielsweise der Waldmeister, werden sogar als Laubschlucker bezeichnet. Laub, das auf diese flächig wachsenden Stauden fällt, wird zwischen den feinen Trieben festgehalten, kompostiert und ist bereits im nächsten Frühjahr meist verschwunden.
Anders verhält es sich mit Pflanzen, die am Naturstandort zum Beispiel im Bereich von Nadelwäldern oder immergrünen Laubgehölzen vorkommen: Sie sind an das Vorkommen von Falllaub kaum angepasst, und insbesondere kleine und zarte Arten kommen damit manchmal überhaupt nicht zurecht.
Wie gut das Falllaub dem Unterwuchs zuträglich ist, hängt auch von Art und Menge ab: Derbes, ledriges oder sehr gerbstoffhaltiges Laub, wie beispielsweise Eichenlaub, wird allgemein schlechter vertragen als weicheres, leichter verrottendes Laub wie Birken-, bestimmtes Ahorn- oder Haselllaub.
Auch leicht verrottende Laubarten können zum Problem werden, wenn sie in dicken Lagen auf der Pflanzung liegen und kleinere oder frisch gepflanzte, noch nicht etablierte Stauden oder bodendeckende Gehölze völlig zudecken. Bei Nässe können diese dicken Schichten miteinander verkleben und die darunterliegenden Pflanzen von Licht und Luft abschließen. Wasser verdunstet nicht mehr von der Bodenoberfläche, was möglicherweise zu Vernässung des Bodens führt. Durch den Luftabschluss kommt es zu anaero-

Links: Waldmeister *(Galium odoratum)* ist ein entzückender Bodendecker für den Gehölzrand. Darüber hinaus fungiert er als Laubschlucker: Auf die Pflanzen fallende Blätter werden zwischen den Trieben festgehalten und zu Kompost umgesetzt.

Rechte Seite: Auch unser heimisches Maiglöckchen *(Convallaria majalis*, hier im Bild die Sorte 'Striata') fühlt sich in dünnen Schichten aus Falllaub sehr wohl.

ben Vorgängen, das heißt zu Fäulnis. Die Pflanzen ersticken regelrecht. Auch bei Pflanzen, die Laubfall recht gut vertragen, sollte man im ersten Jahr nach der Pflanzung, solange sie noch nicht ihre endgültige Größe erreicht haben, darauf achten, die Laubmenge auf der Fläche nicht zu groß werden zu lassen. Wenn sich zu dicke Schichten bilden, sollte man den Überschuss vorsichtig (!) herausrechen und Anhäufungen verziehen.

Einen Sonderfall stellen Gehölze dar, deren Laub oder Früchte auf andere Pflanzen wachstumshemmend wirken. Auf sie wird im Unterkapitel »Intolerante Gehölze« noch besonders eingegangen.

Grundsätzlich kann man jedoch sagen, dass dünne Schichten oder kleinere Inseln aus Falllaub für Pflanzen der Lebensbereiche Gehölz und Gehölzrand eher positiv zu bewerten sind. Das Laub wirkt wie eine natürliche Mulchschicht, versorgt den Boden mit organischer Substanz und Nährstoffen und fördert so die Kleinstlebewesen im Boden (das sogenannte Bodenleben). Viele Waldpflanzen, die über ein feines, dicht unter der Oberfläche liegendes Wurzelsystem verfügen, fühlen sich in dem bei der Kompostierung des Laubes entstehenden Humus und in der durch die Mulchschicht gleichbleibenden Bodenfeuchtigkeit äußerst wohl.

Begehen Sie nicht den Fehler, aus reiner Ordnungsliebe verträgliche Laubmengen aus einer Pflanzung herausrechen oder, noch schlimmer, mit einem Laubsauggerät heraussaugen oder -blasen zu wollen. Beide Bearbeitungsmethoden führen zu einem Verhagern der Wurzeln, zu gründliches Laubrechen zu ständigen Verletzungen des Wurzelsystems, das, wie oben schon angesprochen, bei vielen Waldpflanzen dicht unter der Oberfläche liegt. Der Boden trocknet stärker aus, und das Bodenleben wird gestört, was sich auf Pflanzenwachstum, Nährstoffgehalt des Bodens und Bodengesundheit äußerst negativ auswirkt.

Tipp! **Laubrechen auf Rasenflächen ist in Ordnung, bei Gehölz- oder Gehölzrandpflanzungen dagegen stören in der Regel nur größere Mengen bzw. bestimmte Laubarten.**

Wurzeldruck und Konkurrenz

Ebenfalls typisch für Pflanzungen und Beete im Bereich von Gehölzen ist die mehr oder weniger starke Durchwurzelung des Bodens durch letztere. Bei Tiefwurzlern oder manchen Herzwurzlern (vereinfacht ausgedrückt ein Mittelding zwischen Tief- und Flachwurzlern) ist die Unterpflanzung häufig noch relativ leicht zu bewerkstelligen. Anders dagegen sieht es bei flachwurzelnden Gehölzen aus: Sie bilden ganze Wurzelgeflechte dicht unter der Bodenoberfläche und konkurrieren dementsprechend mit anderen flachwurzelnden Pflanzen um Wasser und Nährstoffe. Allein durch die schiere Größe des Wurzelsystems, aber auch durch die intensive Durchwurzelung der oberen Bodenschichten sind sie kleineren, krautigen Pflanzen, deren Wurzeln bei weitem nicht so weit reichen, überlegen und können den Boden regelrecht auslaugen. Für kleinere Gehölze oder Stauden, die im Bereich von Flachwurzlern angesiedelt werden, bleiben nur wenige Nährstoffe, vor allem aber kaum Wasser für ein befriedigendes Gedeihen übrig.
Völlig ausgeschlossen ist eine Unterpflanzung von flachwurzelnden Gehölzen aber nicht. Es gibt eine Reihe zäher Überlebenskünstler, die mit nährstoffarmen Böden und vor allem Trockenheit gut zurechtkommen. Es ist deshalb aber von größter Wichtigkeit, Pflanzungen unter Flachwurzlern sorgfältig zu planen und eine entsprechend robuste Unterpflanzung auszuwählen, um nicht nach kurzer Zeit enttäuscht festzustellen, dass die wunderschönen Pflanzen, die man zur Ansiedelung unter einem Gehölz mit flachstreichenden Wurzeln ausgewählt hat, leider nicht gedeihen und nach kurzer Zeit alle verschwunden sind. Im Unterkapitel »Intolerante Gehölze« findet sich neben einer Liste mit schwierig zu unterpflanzenden Gehölzen auch eine Liste mit solchen, die unproblematisch zu vergesellschaften sind, wie zum Beispiel bestimmte Ahornarten, Zierkirschen oder Zieräpfel.

Linke Seite: Bei diesem fein komponierten Beet aus Gehölz- und Gehölzrandstauden kommen alle verwendeten Pflanzen mit Wurzeldruck gut zurecht.

Rechts: Staudenbodendecker wie die Schaumblüte *(Tiarella,* weißblühend) und Frauenmantel *(Alchemilla mollis)* lassen sich bestens mit großen und kleinen Gehölzen vergesellschaften.

Unten: Auch sich durch kurze Ausläufer ausbreitende Gräser wie die Japan-Segge *(Carex foliosissima* 'Icedance') und Stauden wie Purpurglöckchen *(Heuchera*-Hybriden) bilden schöne Teppiche im Unterwuchs von Bäumen und Sträuchern.

Links: Gruppen aus mittleren und großen Gehölzen schirmen die Pflanzfläche nach oben hin ab und lassen für die darunter gedeihenden Pflanzen ein Kleinklima mit erhöhter Luftfeuchtigkeit entstehen.

Rechte Seite: Pflanzen wie Hosta, Hirschzungenfarn *(Phyllitis scolopendrium)* und Schaublatt *(Rodgersia pinnata)* schätzen sowohl Luft- als auch Bodenfeuchtigkeit.

Luftfeuchtigkeit

Insbesondere unter Gehölzen mit dichtem Kronendach oder zwischen nah zusammenstehenden Bäumen und Sträuchern ist die Luftfeuchtigkeit erhöht. Durch die Gehölzkronen, die wie ein Baldachin über der Fläche stehen, wird der Luftaustausch behindert und der Wind abgeschirmt; die durch Niederschläge und Verdunstung der Pflanzen entstehende Luftfeuchtigkeit bleibt so viel besser erhalten als auf freien Flächen. Viele Schattenpflanzen, darunter besonders alle Waldstauden aus dem Lebensbereich Gehölz, aber auch anspruchsvolle Standortspezialisten wie Rhododendren, schätzen gerade diese Bedingungen und benötigen sie für gutes Gedeihen. Die erhöhte Feuchtigkeit und verringerte Luftbewegung (im Extremfall Windruhe oder sogar stagnierende Luft) können sich bei manchen Pflanzen, die nicht direkt aus dem Lebensbereich Gehölz stammen, aber auch negativ auswirken: Besonders in sehr warmen, aber dennoch regenreichen Sommern, wie es in den letzten Jahren einige gegeben hat, finden Pilze hier ideale Bedingungen vor und können gegen Pilzkrankheiten empfindliche Pflanzen leichter befallen.

Leider haben die feuchtwarmen Sommer der vergangenen Jahre auch die Ausbreitung des Buchsbaumpilzes *(Cylindrocladium buxicola)* sehr gefördert. In luftfeuchten Lagen mit nur geringer Luftbewegung sollte man deshalb entweder etwas resistentere Sorten wie zum Beispiel 'Blauer Heinz' wählen oder aber, insbesondere, wenn man an einem Standort mit Buchs schon einmal erfolglos war, ganz darauf verzichten und für die Buchsbäume stattdessen freiere, sonnigere Lagen wählen.

Auch andere Gehölz- und Staudengattungen sind anfällig für Pilzkrankheiten wie Welkekrankheiten oder Blattflecken. Die Anfälligkeit kann, je nach Art oder Sorte, aber ganz unterschiedlich sein. In Pflanzsituationen, bei denen

- höhere Gehölze die Fläche nach oben abschirmen oder
- mehrere größere Gehölze eng zusammen stehen, oder
- bei speziellen Standorten wie schmalen Pflanzstreifen zwischen Hauswand und einer hohen Hecke

ist die Auswahl passender Gehölze und Stauden daher besonders wichtig. Fachliteratur und gute Gehölz- oder Staudenkataloge weisen häufig besonders auf Anfälligkeit gegen Pilzkrankheiten hin, so dass man in solchen Lagen Stauden wie zum Beispiel den Weißblauen Eisenhut *(Aconitum × cammarum* 'Bicolor') oder Lenzrosen *(Helleborus)* nicht verwendet und statt ihrer besser pilzunempfindlichere Waldstauden aus den Lebensbereichen Gehölz oder absonniger Gehölzrand wählt.

Temperatur

Das Blätterdach größerer Gehölze wirkt sich auf die darunterliegenden Bereiche nicht nur in Bezug auf Luftfeuchtigkeit aus: Auch auf die Temperatur nehmen die Kronen von Bäumen und Sträuchern Einfluss. Die an heißen Tagen wohltuende Kühle im Schatten von Gehölzen wird durch zwei Faktoren erzeugt: Durch die abschirmende Wirkung des Laubes erreichen Sonnenstrahlen nicht oder nur in geringem Ausmaß den Boden; die kühleren Temperaturen entstehen aber auch durch die Wasserverdunstung, die die Pflanzen an den Tag legen. Diese Verdunstung bewirkt das physikalische Phänomen der adiabatischen Kühlung, auch Verdunstungskühlung oder, nicht ganz richtig, Verdunstungskälte genannt. Das ist der Grund, warum man an heißen Tagen den Aufenthalt unter einem großen Baum (zum Beispiel einer Kastanie im Biergarten) oder einer bewachsenen Pergola immer als angenehmer empfindet als den unter einer Markise oder einem Sonnenschirm. Die Verdunstungskühlung durch die Transpiration der Pflanzen bewirkt eine deutlich fühlbare Temperaturabsenkung. Über diese freuen sich nicht nur wir Menschen, sondern auch schattenliebende Pflanzen aus den Lebensbereichen Gehölz oder schattiger Gehölzrand, die aufgrund ihrer Physis (zarte Blätter, fehlender Verdunstungsschutz) für gutes Gedeihen auf kühle Standorte angewiesen sind.

Unten: Im kühlen Schatten von Gehölzen fühlen sich Farne, Astilben *(Astilbe glaberrima* 'Sprite', vorne), Fingerhut und immergrüne Pflanzen wie Bambus wohl.

Temperatur und Luftfeuchte unter Gehölzen

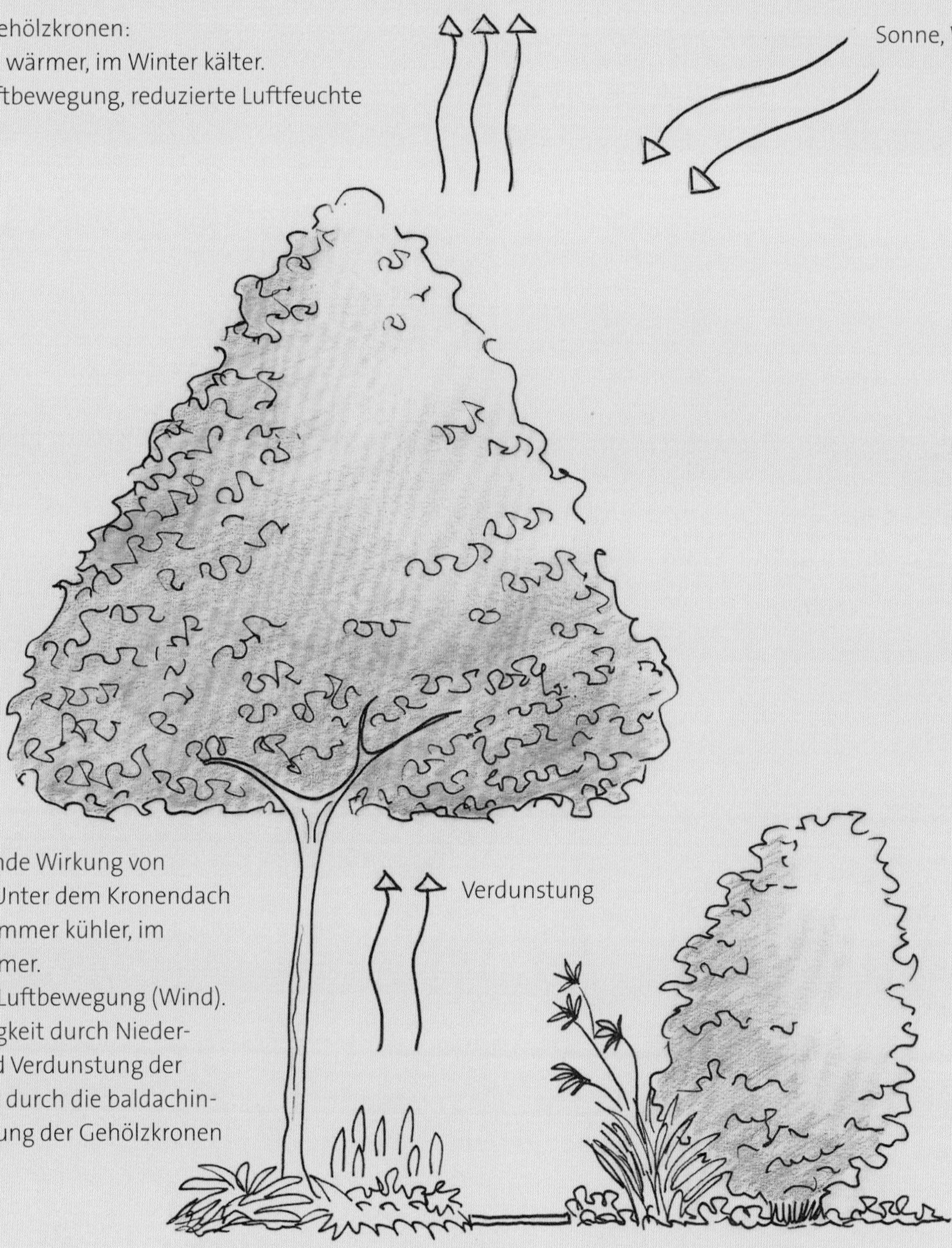

Boden-vorbereitung und -pflege

Eine sorgfältige Vorbereitung des Bodens ist die Grundlage jeder gut funktionierenden Pflanzung. Insbesondere für schattenverträgliche Pflanzen, deren natürliche Standorte (oder, falls es sich um Züchtungen handelt, die Naturstandorte der Pflanzen, von denen sie abstammen) oft die Lebensbereiche Gehölz und Gehölzrand sind, ist ein gut mit Nährstoffen versorgter, locker-humoser Boden mit intaktem Bodenleben von größter Wichtigkeit.
Durch die verminderte Sonneneinstrahlung ist die Photosyntheseleistung von Pflanzen an schattigen Standorten gegenüber der von Pflanzen an vollsonnigen Standorten reduziert. Das bedeutet, dass Pflanzen, die im Schatten gedeihen sollen, in besonderem Maße auf gute Versorgung mit Nährstoffen und Wasser angewiesen sind.

Tipp! **Je besser die Versorgung der Pflanzen mit Wasser und Nährstoffen, desto mehr Schatten wird vertragen.**

Seite 40/41: Eine Vielfalt verschiedener Stauden in Kombination mit Gehölzen wie dem Schlitzblatt-Ahorn stellt hohe Ansprüche an die Nährstoff- und Wasserversorgung.

Unten: Beetstauden wie Anemonen, aber auch Blütengehölze wie Rispen-Hortensien schätzen nährstoffreiche, gepflegte Böden.

Rechte Seite: Bei anspruchsvollen, artenreichen Pflanzungen wie dieser ist für ein gutes Gedeihen eine sorgfältige Vorbereitung des Bodens unabdingbar.

Bodenvorbereitung

Bei der Neuanlage von Schattenpflanzungen, besonders, wenn diese direkt nach dem Bau eines Hauses erfolgt, ist eine gründliche Lockerung des Bodens wichtig. Auch wenn in der Nähe der für die Pflanzung vorgesehenen Stelle gar kein Gebäude oder Gebäudeteil errichtet worden ist, so weisen doch viele Bereiche durch das Befahren mit Baumaschinen oder die Lagerung von Bauteilen oder Schutt häufig Verdichtungen auf, die für eine erfolgreiche Pflanzung beseitigt werden müssen.

Eine Möglichkeit der Bodenlockerung ist es, die Pflanzfläche spatentief umzugraben. Bei schweren, verdichteten Böden ist es sehr vorteilhaft, wenn dieses Umgraben im Herbst erfolgt und die Fläche bis zum Frühjahr brachliegen kann. Die beim Umgraben entstandenen Schollen frieren über den Winter komplett durch. Das enthaltene Wasser verwandelt sich in Eis, das durch sein größeres Volumen den Boden sprengt. Mit

Erwärmung der Erde im Frühjahr zerfallen die durchgefrorenen groben Brocken zu einer lockeren und feinkrümeligen Struktur, man spricht von der sogenannten Frostgare.
Bei schweren und zu Verdichtung neigenden Böden ist eine Bodenvorbereitung mittels einer Fräse, wie sie oft von Garten- und Landschaftsbaufirmen durchgeführt wird, häufig nicht ausreichend. Die rotierenden Messer der Fräse lockern nur die oberste Bodenschicht. An ihren Enden, also in der Tiefe, bis zu der sie in den Boden vordringen, kann eine Sohle entstehen, die in schweren Böden einen verfestigten, verdichteten Horizont darstellt, der von Wasser oder Pflanzenwurzeln nur schwer durchdrungen werden kann. Dies kann zu Staunässe und bei Gehölzen mit feinem Wurzelwerk, das die verdichtete Schicht nicht oder nur schwer durchdringen kann, zu Kümmerwuchs führen.
Bei Böden, die nicht verdichtet und locker sind, ist tiefes Umgraben mit Wenden der Schollen nicht nötig und sollte besser unterbleiben, weil durch das Umdrehen der Schollen – die unteren Schichten werden nach oben gedreht – das Bodenleben zumindest für einen bestimmten Zeitraum gestört wird. Es ist ausreichend, den Boden mit einer Grabgabel zu lockern, indem man die Gabel tief einsticht und durch vorsichtiges Rütteln gröbere Strukturen aufbricht und dem Boden Luft zuführt.
Nach der Lockerung des Bodens sollte er mit organischer Substanz angereichert und verbessert werden. Dazu eignet sich besonders gut selbst hergestellter Kompost, der in die oberste Bodenschicht leicht eingearbeitet wird. Zusätzlich können organische Komponenten wie kleinere Mengen Rindenmulch oder Rindenkompost (= ankompostierter Rindenmulch, aufgrund der stärkeren Umsetzung schon wesentlich feiner als Mulch und wie dieser im Handel in Säcken erhältlich) unter den Kompost gemischt werden. Anschließend kann gepflanzt werden.
Insbesondere bei Pflanzen, die aus den Lebensbereichen Gehölz und Gehölzrand stammen, kann direkt nach der

Pflanzung eine dünne (!) Mulchschicht, zum Beispiel aus Rindenmulch, auf die Fläche aufgebracht werden. Im Gehölzbereich sollte Mulch grundsätzlich aus organischen Materialien bestehen. Mineralische Mulche, wie zum Beispiel der im öffentlichen Bereich mittlerweile recht häufig anzutreffende Ziegelsplitt, haben in Pflanzungen der Lebensbereiche Gehölz und Gehölzrand nichts verloren, da sie sehr verfremdend und unnatürlich wirken. Die Schicht sollte bei Staudenpflanzungen nicht dicker als 2 bis 3 Zentimeter, bei Gehölzpflanzungen niemals dicker als 5 Zentimeter sein. Häufig sieht man gerade unter neu gepflanzten Hecken oder Mischpflanzungen aus Sträuchern, besonders oft in öffentlichen Anlagen, Rindenmulchschichten von geradezu unglaublicher Dicke, die offensichtlich nach dem Motto »viel hilft viel« aufgebracht worden sind. Dies ist jedoch für Mulch ganz und gar nicht zutreffend. Bei Mulchschichten, die dicker als 5 Zentimeter sind, bilden sich durch die zu große Dicke vernässte Bereiche im Boden, da Wasser nur noch schwer verdunsten kann. Einzelne Bestandteile des Mulchs können miteinander richtiggehend verkleben und luftundurchlässige Schichten bilden, was unter Umständen zu Fäulnis im Boden führt und die Pflanzen schädigt.

Durch den Mulch wird der wichtige Pflanzennährstoff Stickstoff dem Boden zunächst entzogen und steht den Pflanzen vorübergehend nicht zur Verfügung. Um diesen zeitweisen Stickstoffmangel auszugleichen, ist es wichtig, die Pflanzfläche vor Aufbringen des Mulchs mit einem organischen Volldünger oder einer anderen langsam fließenden Stickstoffquelle wie Hornspäne, Hornmehl oder Knochenmehl zu düngen.

Links: Anemonen gedeihen sowohl in Beeten als auch vor und zwischen Gehölzen. Auf beiden Standorten wird eine gute Versorgung mit organischer Substanz, zum Beispiel in Form einer Mulchschicht, sehr geschätzt.

Rechte Seite: Auch eine dichte, geschlossene Pflanzendecke trägt durch die sogenannte Schattengare zu einer lockeren Krümelstruktur des Bodens und damit zur Bodenpflege bei.

Bodenpflege

Die Bodenpflege bei bestehenden Pflanzungen umfasst im Allgemeinen das gelegentliche Lockern des Bodens, das Entfernen von Unkräutern und das Versorgen der Pflanzen mit Nährstoffen. Schattenpflanzungen, die wie schon erwähnt, häufig entweder im Bereich von Gehölzen liegen oder auch aus Pflanzen bestehen, deren Wildformen einen engen Bezug zu Gehölzen haben, stellen jedoch etwas andere Ansprüche. Viele schattenliebende Pflanzen haben ein zartes, dicht unter der Bodenoberfläche liegendes Wurzelsystem. Hacken zur Bodenlockerung und Unkrautbekämpfung kommt aus diesem Grund nicht in Frage, weil ständige Verletzungen der Wurzeln unvermeidbar wären. Um den Boden entweder lockerer und feinkrümeliger zu machen oder einen bereits optimalen Zustand auf Dauer zu erhalten, ist eine regelmäßige Versorgung mit organischer Substanz von größter Wichtigkeit. Dabei können verschiedene Materialien Verwendung finden: Besonders wichtig sind Kompostgaben, die – bevorzugt im Frühjahr – in die oberste Bodenschicht leicht eingearbeitet werden. Wenn eine Einarbeitung aufgrund von dicht unter der Oberfläche liegenden Wurzeln oder einem dichten Bewuchs zum Beispiel mit ausläufertreibenden Bodendeckern nicht möglich ist, kann der Kompost einfach als dünne Schicht auf den Boden aufgestreut werden. Kompostgaben im Frühjahr sind deswegen zu bevorzugen, weil mit Beginn der Vegetationsperiode der Nährstoffbedarf der Pflanzen am höchsten ist. Die im Kompost erhaltenen Nährstoffe werden sofort von den Pflanzen aufgenommen. Eine Kompostversorgung der Pflanzflächen ist aber selbstverständlich auch im Herbst möglich. Am besten ist selbst hergestellter Kompost vom eigenen Komposthaufen im Garten. Wenn es keine Möglichkeit gibt, selbst zu kompostieren, kann man auch Komposterden in Säcken kaufen oder zum Beispiel bei Erdwerken losen Kompost beziehen. Regelmäßige Kompostgaben führen auch bei schweren und verdichteten Böden im Laufe der Zeit durch die Förderung des Bodenlebens zu Lockerung und einer feinen Krümelstruktur des Bodens, ohne dass weitere Bearbeitungsmaßnahmen erforderlich wären.

Ein weiteres wichtiges Instrument der Bodenpflege ist das Mulchen. Viele Gartenbesitzer verstehen Mulch als gleichbedeutend mit Rindenmulch, weil dies das gängigste Material ist. Gemulcht werden kann aber auch mit anderen

Oben: Durch eine gut abgestimmte, dicht zusammengewachsene Pflanzung aus Gruppen- und Flächenstauden wird auch der Aufwuchs von Unkraut effektiv unterdrückt.

Rechte Seite: Hübsch und zugleich pflegeleicht: Durch die flächige Verwendung des Pfennigkrauts *(Lysimachia nummularia)* wird der Boden gut bedeckt und lästiges Unkraut in Schach gehalten.

organischen Materialien wie Falllaub oder getrocknetem (!) Rasenschnitt. Vielfach wird Mulchen lediglich als Mittel zur Unkrautbekämpfung angesehen, was auch durchaus richtig ist. Durch die Mulchdecke auf der Bodenoberfläche wird die Keimung von Unkräutern recht gut verhindert, was die Unkrautmenge und somit auch die Unkrautbekämpfung seitens des Gartenbesitzers in Grenzen hält. Eine Mulchschicht auf der Fläche kann aber wesentlich mehr und ist besonders in Schattenpflanzungen eine sehr effektive Methode der Bodenpflege: Die organische Substanz enthält zahlreiche Nährstoffe, die mit der Umsetzung und Kompostierung des Materials langsam frei werden und sowohl Pflanzen als auch Bodenorganismen zugute kommen. Darüber hinaus sorgt der Mulch für ein ausgeglichenes Bodenklima. Die Mulchdecke verhindert in gewissem Maße sowohl Temperatur- als auch Feuchtigkeitsschwankungen in den oberen Bodenschichten, was bedeutet, dass diese sowohl gleichmäßig feucht als auch gleichmäßiger temperiert bleiben. Dies schätzen die meisten Schattenpflanzen ebenso wie die so wichtigen Bodenorganismen. Der Boden bleibt bis in die obersten Schichten belebt, was seine Fruchtbarkeit und Struktur und damit letztlich auch das Gedeihen der Pflanzen fördert. Wie im Unterkapitel »Bodenvorbereitung« bereits erläutert, sollte die Mulchschicht jedoch stets dünn sein und auch unter Gehölzen eine Dicke von 5 Zentimetern nie übersteigen, sonst können Vernässung und Fäulnisprozesse im Boden die Folge sein.

Nicht unerwähnt bleiben sollte, dass auch eine gute Bepflanzungsplanung zur Bodenpflege beitragen kann. In jeder Pflanzung, besonders aber in Schattenpflanzungen, sollte der Boden der eingewachsenen Pflanzung völlig von Pflanzen bedeckt und keine Erde mehr zu sehen sein. Dies unterdrückt Unkrautwachstum und verhindert, ähnlich wie eine Mulchschicht, ein Austrocknen des Bodens und zu große Temperaturschwankungen.

Bodenfeuchtigkeit

Gerade in schattigen Beeten ist eine ausgeglichene Feuchtigkeit von großer Bedeutung. Viele schattenverträgliche Pflanzen haben ein großes Feuchtigkeitsbedürfnis, weil sie aufgrund ihrer Anpassung an das fehlende Licht große Blätter entwickelt haben (größere Blätter = mehr Photosynthese) und über diese große Blattoberfläche viel Wasser verdunstet. Auch ein Verdunstungsschutz wie Blattbehaarung oder Wachsschicht fehlt häufig völlig. Viele Schattenpflanzen reagieren auf trockene Witterung, besonders in Kombination mit hohen Temperaturen, sehr schnell mit hängenden Blättern oder Verbräunungen der Blattränder. Ausgeglichene Bodenfeuchtigkeit wird durch das Aufbringen einer Mulchschicht, wie oben bereits angesprochen, sehr gefördert.

Wenn die vorgesehene Pflanzfläche beständig trocken ist, weil sie zum Beispiel im Regenschatten eines Gebäudes liegt oder unter einer dichten Gehölzkrone, die auch bei starken Niederschlägen nur wenig Feuchtigkeit durchdringen lässt, reicht Mulchen alleine aber nicht mehr. In diesen Fällen gibt es zwei Möglichkeiten: Entweder man wählt eine sehr robuste und trockenheitsverträgliche Bepflanzung (siehe Kapitel »Schwierige Standorte – Trockener Schatten«), oder man bewässert die Pflanzung. Die eleganteste, wenngleich auch etwas teurere Möglichkeit, eine Pflanzfläche mit Wasser zu versorgen, bietet automatische Bewässerung. Diese Bewässerungssysteme basieren alle mehr oder weniger auf dem gleichen Prinzip: Aus einem flexiblen Kunststoffschlauch, der zwischen die Pflanzen gelegt wird und nahezu unsichtbar ist, tropft aus kleinen Düsen oder feinen Löchern Wasser heraus und versickert im Boden. So wird nach einiger Zeit eine intensive Durchfeuchtung des Bodens erreicht. Es ist nicht notwendig, eine solche Bewässerung jeden Tag laufen zu lassen, je nach Witterung zwei oder drei Mal pro Woche ist vollkommen ausreichend. Man kann die Bewässerungsvorrichtung manuell bedienen, es ist aber auch möglich, sie mit einem kleinen Computer zu koppeln, in den man die gewünschte Bewässerungszeit und -dauer einprogrammiert, so dass alles vollautomatisch abläuft und man sich gar nicht mehr darum kümmern muss.

Linke Seite: Alle Arten und Sorten des Greiskrauts *(Ligularia)* sind für ein gutes Gedeihen auf ausreichende Bodenfeuchtigkeit angewiesen.

Unten links: Auch das großblättrige Schildblatt *(Darmera peltata)* und der Perlfarn *(Onoclea sensibilis)* schätzen dauerfeuchte bis sumpfige Böden.

Unten rechts: Trollblumen bevorzugen feuchte Böden. Bei nur mäßiger Feuchtigkeit sollte der Standort mindestens halbschattig sein.

Wenn eine automatische Bewässerung nicht in Frage kommt, kann selbstverständlich auch mit einem normalen Gartenschlauch gewässert werden. Dabei sollte man aber berücksichtigen, dass sich diese Arbeit manchmal nicht ganz unproblematisch gestaltet: Viele Gartenbesitzer, die sich bestimmte Pflanzen für einen eigentlich zu trockenen Pflanzplatz wünschen, sind anfangs fest entschlossen, die Pflanzung regelmäßig zu gießen, aber häufig klafft zwischen Theorie und Praxis leider eine große Lücke. Je nach Größe der Fläche kann das händische Gießen doch recht zeitaufwendig sein, und manchmal kann man nach einem langen Arbeitstag die Zeit (und auch die Lust) dazu nicht mehr aufbringen.

Problematisch ist auch, dass oft falsch gewässert wird: Das Gießwasser wird großzügig über die Blätter (und manchmal auch über die Blüten, die dabei Schaden nehmen) verteilt, von wo bei warmer Witterung ein großer Teil sofort wieder verdunstet, ohne überhaupt den Pflanzen zugutezukommen. Wenn in den Abendstunden gewässert wird, kann die Feuchtigkeit von Laub und Trieben nicht schnell genug abtrocknen, was Pilzkrankheiten fördert. Auch zu unregelmäßiges Wässern, bei dem die Feuchtigkeitsmenge nie gleichbleibend ist, sondern der Boden zwischen den Extremen große (vielleicht zu große) Nässe und große Trockenheit schwankt, ist den meisten Pflanzen nicht zuträglich.

Links: Für eine solch schöne Kombination aus feuchtigkeitsbedürftigen Pflanzen wie Bergenie, Judenbart und Pfennigkraut sollte man gleich einen passenden Standort wählen, damit man später nicht ständig gießen muss.

Rechte Seiten, oben: Beete direkt an Gebäuden liegen, abhängig von der Himmelsrichtung, nicht selten im Regenschatten und müssen dann bewässert werden.

Rechte Seite, unten: Auch Flächen in unmittelbarer Nachbarschaft zu höheren Mauern können trockene Partien aufweisen. Eine sorgfältige Abstimmung der Pflanzen auf den jeweiligen Bereich (trockener/feuchter) trägt zum guten Gelingen bei.

Wenn also mit dem Schlauch gewässert werden soll, sollte man folgende Grundsätze beherzigen:

- Das Gießwasser soll direkt in die Erde fließen, nicht auf Blätter oder Blüten!
- Es ist wesentlich besser, regelmäßig ein- bis zweimal pro Woche den Boden intensiv zu durchfeuchten, als ihn täglich nur zu benetzen. Regelmäßigkeit ist von großer Wichtigkeit. Wochenlange Trockenheit und dann, quasi als Ausgleich, zu große Wassermengen wirken sich nachteilig aus.
- Um ausreichende Durchfeuchtung bis in tiefere Bodenschichten zu erreichen, ist es nicht nötig, mit dem Schlauch in der Hand das Wasser in Strömen auf die Erde laufen zu lassen. Sinnvoller, zeit- und wassersparender ist es, die Düse des Gartenschlauchs auf die kleinstmögliche Stufe einzustellen, so dass nur noch ein dünnes Rinnsal herausläuft, und den Schlauch einfach zwischen die Pflanzen zu legen. Je nach Wasserbedarf kann er dort eine ganze Zeit liegen bleiben. Anschließend kann man ihn auf die nächste wasserbedürftige Stelle legen. Nicht vergessen!

Spezialfall Rhododendren (und andere Pflanzen für saure Böden)

Nur wenige Gehölze für den Garten können mit so prächtigen Blüten aufwarten wie die zahlreichen im Handel erhältlichen Rhododendron-Arten und -Sorten. Für viele Gartenbesitzer ist es trotz der hohen Ansprüche an den Standort, die diese Sträucher stellen, ein Wunschtraum, den Garten mit einem oder sogar mehreren Exemplaren zu verschönern. Sie sind in der Regel keine Pflanzen für neu angelegte Gärten. Dort sind meist sowohl das Schattenangebot als auch die erforderliche hohe Luftfeuchtigkeit nicht gegeben. Rhododendren finden gute Pflanzplätze eher unter größeren Gehölzen in alteingewachsenen Gärten, wo ihre Ansprüche an den Standort erfüllt werden können. Ungeeignete Gehölzpartner sind jedoch flachwurzelnde Gehölze wie Fichten, Buchen oder Birken. Das feine, dicht unter der Bodenoberfläche liegende Wurzelsystem der Rhododendren kann sich gegen die intensiven Wurzeln der größeren Gehölze nicht behaupten, und die Rhodos haben aufgrund von Wasser- und Nährstoffmängeln keine Überlebenschancen.

Neben ihren hohen Ansprüchen an Belichtung, Luftfeuchtigkeit und Temperatur stellen Rhododendren auch hohe Anforderungen an den Boden. Ihr hoher Wasserbedarf erfordert eine gleichmäßige Bodenfeuchtigkeit (Faustregel: Je größer die Blätter, desto höher der Wasserbedarf). Dabei ist Staunässe jedoch unbedingt zu vermeiden, ein guter Wasserabzug muss gewährleistet sein.
Auch die Bodenstruktur und die Bodenreaktion sind wichtig. Rhododendren sind eigentlich Pflanzen für saure Böden. Der empfohlenen pH-Wert des Bodens sollte zwischen 4,5 und 5,5 liegen. Noch wichtiger aber ist eine lockere, feinkrümelige Bodenstruktur und ein sehr hoher Humusgehalt des Bodens. Waldböden und anmoorige Böden sind ideal. Schlecht geeignet dagegen sind schwere und kalte Lehm- oder Tonböden.

Oben: Im lichten Schatten größerer Gehölze finden sich in humusreichen, lockeren Böden ideale Pflanzplätze für Rhododendren.

Rechte Seite: Zwei Asiaten mit ähnlichen Ansprüchen: Rhododendren und Funkien harmonieren gut miteinander.

Tipp! **Je lockerer und humusreicher der Boden und je optimaler die Standortbedingungen, desto weniger wichtig wird der pH-Wert.**

Nicht nur, dass ein guter Wasserabzug dort nicht gewährleistet ist und es zu Staunässe kommen kann, es ist für das feine Wurzelsystem der Rhododendren auch nicht möglich, in diese schweren Böden einzuwurzeln. Die Folge können ein durch die stauende Nässe bedingtes Faulen der Wurzeln und/oder ein durch die mangelnde Wurzelbildung bedingtes Verhungern sein. Ebenfalls problematisch sind leichte Sandböden. Hier ist zwar ein sehr guter Wasserabzug gegeben und meist stimmt auch der pH-Wert, dafür aber sind diese Böden in der Regel nährstoffarm und neigen zu Trockenheit.

Wenn Sie also in Ihrem Garten eine Rhododendron-Pflanzung verwirklichen möchten und die Bodenvoraussetzungen (was häufig der Fall sein wird) nicht ideal sind, gibt es nur die Möglichkeit, den Boden zu verbessern. Sowohl in leichten Sandböden als auch in schweren Lehmböden ist eine Verbesserung mit Humus, Torf, Torfersatzstoffen und Kompost das Wichtigste. Auch spezielle, im Handel erhältliche Rhododendron-Erden, die den erforderlichen niedrigen pH-Wert aufweisen, können Verwendung finden. Zusätzlich können Humus oder Fertigerden noch zusätzlich mit humusbildenden Stoffen wie Laub, Rindenhumus, kleineren Mengen Rindenmulch oder Nadelstreu vermischt werden. Bei Verwendung von Torf oder torfhaltigen Fertigsubstraten sollte man bedenken, dass dies nicht umweltfreundlich ist. Für die Gewinnung von Torf werden Moore abgebaut und jahrtausendealte Ökosysteme zerstört. Ihre Regenerierung würde, sofern sie überhaupt jemals stattfindet, Zeiträume in Anspruch nehmen, die die Lebensspanne von Menschen und ihren Gärten bei weitem übersteigt. Zu bedenken ist auch, dass der Schutz von Mooren nicht nur Natur-, sondern auch aktiver Klimaschutz ist. Obwohl Moorgebiete nur circa drei Prozent der Fläche unseres Planeten bedecken, binden sie doppelt so viel Kohlendioxid wie alle Wälder der Erde zusammen. Bei der Zerstörung von Mooren wird dieses CO_2 wieder frei und trägt zum Treibhauseffekt bei. Ökologisch sinnvoller sind Torfersatzstoffe, wie zum Beispiel Kokosfasern oder Holzhäcksel. Achten Sie beim Kauf von

Rhododendronpflanzung in schweren Böden

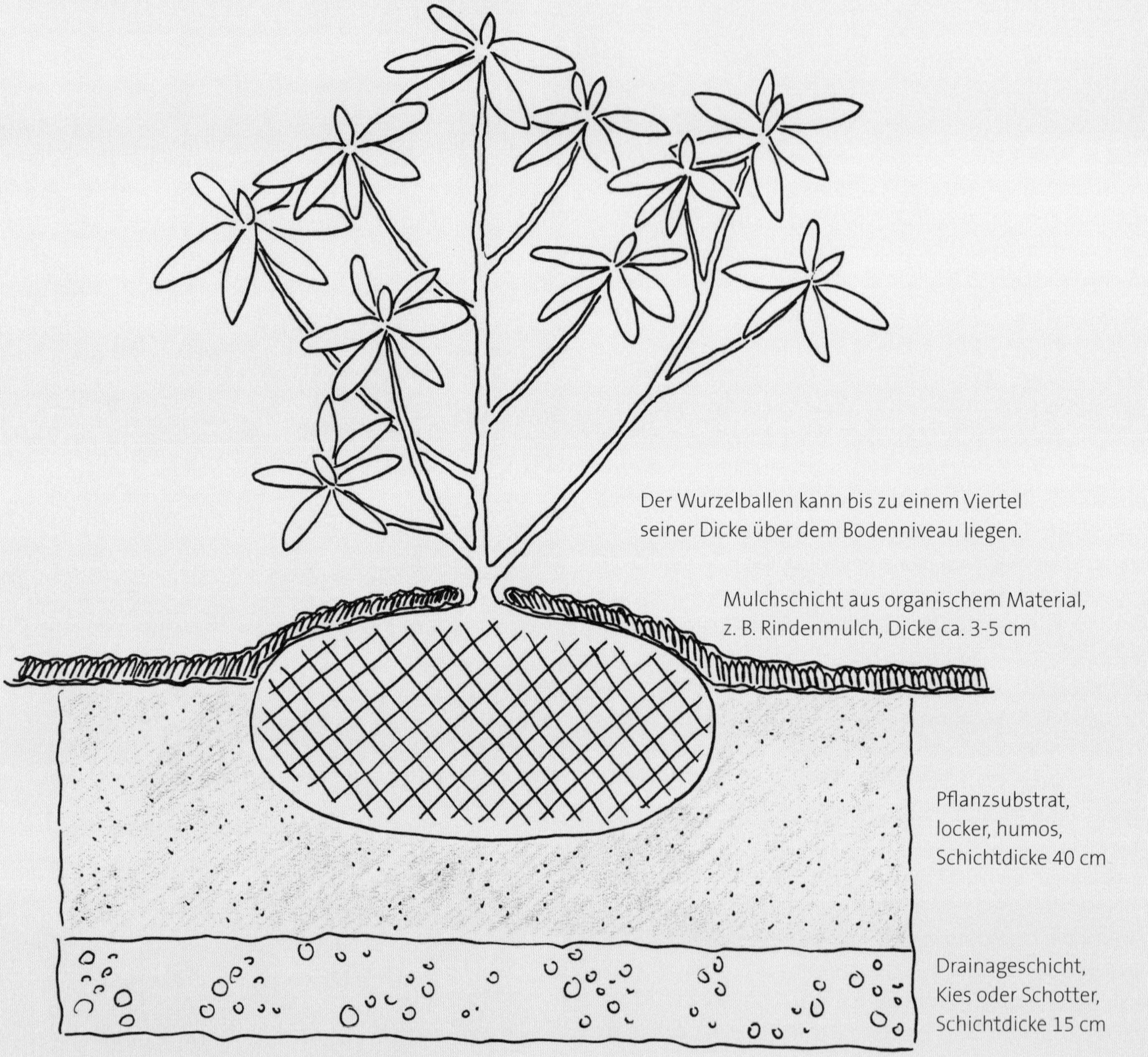

Fertigerden auf die Deklaration der Inhaltsstoffe, und verwenden Sie Produkte, die ausdrücklich als »torffrei« gekennzeichnet sind. Die Bezeichnung »Bio« oder »Öko« sagt in dieser Beziehung nicht unbedingt etwas aus. Auch manche Bio-Erden enthalten einen gewissen Prozentsatz an Schwarztorf.

Durch eine gute Versorgung mit Humus und organischen Stoffen werden leichte Sandböden mit Nährstoffen versorgt und ihre Wasserhaltefähigkeit verbessert, schwere Lehmböden durch Förderung des Bodenlebens gelockert.

In schweren Böden ist zusätzlich der Einbau einer Drainageschicht, bestehend aus kalkfreiem Kies oder Schotter (z.B. Granit oder Quarzit), empfehlenswert, um Staunässe zu vermeiden. Grundsätzlich dürfen Rhododendren, insbesondere in schweren Böden, niemals zu tief gepflanzt werden. Die Oberfläche des Wurzelballens darf nicht tiefer als 3 Zentimeter unter der Erdoberfläche liegen, sonst kann es zu Luftmangel im Wurzelbereich kommen, erkennbar an einer Gelbfärbung des Laubes. Bei schweren Böden ist es vorteilhaft, die Pflanzen noch höher als die oben angesprochenen 3 Zentimeter zu setzen. Der Wurzelballen kann bis zu einem Viertel seiner Dicke über der Erdoberfläche liegen. So wird auch bei schweren Böden eine bessere Luftversorgung gewährleistet. Die freiliegenden Bereiche des Ballens werden zum Schutz vor Austrocknung mit einer dünnen Mulchschicht bedeckt. Vor dem Mulchen muss die Pflanzung mit einem organischen Dünger gedüngt werden. Es darf jedoch kein Dünger direkt ins Pflanzloch gegeben werden, sonst kann es zu Wurzelverätzungen kommen.

Wie oben bereits angesprochen, sind Rhododendren Pflanzen für saure Böden. Viele organische Stoffe wie Kompost oder Rindenmulch weisen aber eine alkalische Reaktion auf. Man könnte daraus den Schluss ziehen, dass sie deshalb für Rhododendronpflanzungen nicht geeignet sind und man ausschließlich auf Spezialerden mit einem passenden pH-Wert angewiesen ist. Genau das Gegenteil ist jedoch der Fall. Von ausschlaggebender Bedeutung ist ein lockerer, sehr humoser Boden mit gutem Wasserabzug, wie er durch Kompost und andere organische Substanzen gewährleistet wird. Wenn auch noch andere Standortansprüche wie ausreichende Luft- und Bodenfeuchtigkeit und eine lichte Beschattung optimal erfüllt sind, steht einer erfolgreichen Pflanzung von Rhododendren nichts im Wege.

Immergrüne Laubgehölze, die wie Rhododendren der Familie der Heidekrautgewächse *(Ericaceae)* angehören, sind diesen in ihren Ansprüchen an Standort und Bodenreaktion meist sehr ähnlich. Die beschriebenen Bodenverbesserungsmaßnahmen zur Erzielung eines vor allem lockeren und humosen Bodens können daher auch bei der Pflanzung von zum Beispiel Prachtglocke *(Enkianthus campanulatus)*, Lavendelheide *(Pieris japonica)* oder Preiselbeere *(Vaccinium vitis-idea)*, aber auch bei Nicht-Erikazeen wie Nadelgehölzen oder Stauden für saure Böden Anwendung finden.

Oben: Die Lavendelheide *(Pieris japonica)* gehört wie Rhododendren zu den Heidekrautgewächsen und hat ähnliche Standortansprüche.

Gestalten mit Schattenpflanzen

Beinahe unendlich sind die Möglichkeiten, im Schatten schöne Gartenbilder zu schaffen. Ob mit Farben, Texturen oder eindrucksvollen Wuchsformen – Schattenpflanzungen können es an Attraktivität leicht mit Pflanzungen in sonnigen Lagen aufnehmen.

Häufig werden für die Bepflanzung schattiger Gärten vorwiegend Blattschmuckpflanzen vorgeschlagen. Größte Schönheit jedoch entsteht – wie immer in der Gartengestaltung – nicht durch dogmatische Selbstbeschränkung, sondern durch vielfältige, kontrastreiche Kombinationen von Blüten und Blättern, Farben, Formen und Texturen. Aber unterscheiden sich die Gestaltungskriterien für schattige Pflanzungen überhaupt von solchen in der Sonne? Und wenn ja, wodurch? Werfen wir einen Blick auf die wesentlichen Elemente für das Gestalten mit Pflanzen.

Schattenblüten

Blütenfarben

Wenn man heimische Pflanzengesellschaften im tiefen Schatten, zum Beispiel solche, die im Lebensbereich Gehölz vorkommen, in der Natur betrachtet, so stellt man fest, dass dunkle Blütenfarben wie tiefes Violett oder dunkles Rot dort nicht vorkommen. Der Grund dafür ist, dass diese dunklen Farbtöne im gedämpften Licht richtiggehend geschluckt werden und von Insekten, auf deren Bestäubung die meisten heimischen Blütenpflanzen angewiesen sind, nicht gesehen werden können. Anders verhält es sich dagegen mit fremden Arten, die von anderen Insekten (zum Beispiel von Käfern) oder von Vögeln bestäubt werden: Dort kommen dunkle, kräftige Blütenfarben durchaus vor. Aber von der Bestäubung einmal abgesehen: Was für heimische Insekten und Wildpflanzen gilt, gilt auch für das menschliche Auge in Bezug auf züchterisch bearbeitete oder aus anderen Gegenden der Erde stammende Gartenpflanzen: Je tiefer der Schatten, desto schlechter können die oben erwähnten Farbtöne gesehen werden. Ganz anders präsentieren sich dagegen Farben wie Weiß, unterschiedliche Gelbtöne, Rosa, Orange oder zarte Violett- oder Fliedertöne. Insbesondere Weiß, Gelb und Orange leuchten im Schatten und bringen Helligkeit in halbschattige oder schattige Beete. Die Farbwahl der Blüten will demnach, besonders im Vollschatten oder tiefen Schatten, gut überlegt sein. Das Farbspektrum kann, besonders bei den beiden vorgenannten Schattenarten, im Vergleich zu Pflanzungen in voller Sonne etwas eingeschränkt sein.

Tipp! **Violette, dunkelblaue und tiefrote Blütenfarben höchstens im lichten Schatten oder Halbschatten verwenden. Je tiefer der Schatten, desto heller sollten die Blütenfarben sein.**

Seite 56/57: Von Eintönigkeit keine Spur: Raffinierte Kombinationen aus Blüten- und Laubfarben lassen auch im Gehölzbereich spektakuläre Gartenbilder entstehen.

Linke Seite: Die weißen Blüten des Wald-Geißbarts und das weißbunte Laub der Hosta leuchten im Schatten und hellen dunkle Partien optisch auf.

Oben links: Eine solch aufregende Farbkombination aus purpurnen Astilben und dunklen Purpurglöckchen eignet sich gut für den sonnigen Gehölzrand, nicht jedoch für zu schattige Lagen.

Oben rechts: Wenn man weiße, leuchtende Blüten noch durch entsprechende Laubfarben ergänzt, wirken sie in Kombination besonders strahlend.

Links: Rosa Sterndolde *(Astrantia major* 'Roma') und dunkellaubiger Wald-Kerbel *(Anthriscus sylvestris* 'Ravenswing') stehen ideal in lichtschattigen Bereichen.

Blütengrößen

Viele Schattenpflanzen, die in unsere Gärten Einzug gehalten haben, sind Wildpflanzen oder haben zumindest, auch wenn sie züchterisch bearbeitet wurden, noch den Charakter von Wildpflanzen. Man denke nur an heimische Stauden wie Lungenkraut, Waldmeister oder Wald-Storchschnabel oder Gehölze wie Liguster, Seidelbast oder Eibe. Auch wenn bei manchen Kulturformen existieren, haben sie sich doch viel von ihrem natürlichen Charme bewahrt. Dies bedeutet bei nicht wenigen dieser Pflanzen, besonders wenn sie bei uns in Mitteleuropa heimisch sind, aber auch, dass die Blütengröße eher gering ausfällt. Die Blüten sind klein, erscheinen dafür aber bei den meisten dieser Stauden und Gehölze in großer Fülle. Das ist an sich noch kein Nachteil, jedoch ist zu bedenken, dass Kombinationen blühender Pflanzen nicht nur vom Kontrast der Blütenfarben und -formen leben, sondern dass es für eine interessante Pflanzung auch unabdingbar ist, dass die Blütengrößen kontrastieren. Nichts wirkt langweiliger als Flächen von Pflanzen, die alle eine ähnliche Blütengröße aufweisen.

Kontrastierende Blütengrößen zu kombinieren, kann also aus dem oben genannten Grund nicht ganz so einfach zu bewerkstelligen sein wie zum Beispiel bei einer Prachtstaudenpflanzung in sonnigen Lagen. Dennoch ist es möglich, denn zum Glück gibt es bei Wildpflanzen Ausnahmen von der Regel. Darüber hinaus gibt es auch viele, vor allem fremdländische Arten, die durch umfangreiche Züchtungsarbeit den Charakter von Beetstauden beziehungsweise Gartengehölzen mit großen und auffallenden Blüten haben. Zu diesen prächtigen Schattenblühern gehören bei den Wildformen zum Beispiel die eindrucksvolle Kaukasische Wald-Glockenblume *(Campanula latifolia* var. *macrantha)*, die die größten Blüten aller Glockenblumen hat, oder der heimische Wald-Geißbart *(Aruncus dioicus)* mit großen, cremeweißen, fiedrigen Blütenrispen. Echte Hingucker mit Riesenblüten und einer großen Farbpalette im Gehölzbereich sind zum Beispiel Hortensien oder, Inbegriff auffallender Blütensträucher, Rhododendren. Schließlich ermöglicht die Verwendung von Schattenstauden mit Beetstaudencharakter wie Prachtspiere *(Astilbe)*, Eisenhut *(Aconitum)*, Japan-Anemone *(Anemone*-Japonica-Hybriden) oder Silberkerze *(Cimicifuga*, jetzt: *Actaea)* eine auch durch variierende Blütengrößen interessante und spannende Gestaltung.

Linke Seite, oben: Große Blüten des Fingerhuts *(Digitalis × mertonensis)* mit mittleren (Akelei, *Aquilegia vulgaris* 'Nora Barlow') und kleinen (Felsen-Storchschnabel, *Geranicum macrorrhizum)* geschickt kombiniert.

Linke Seite, unten: Die sehr großen Blüten von Rhododendron-Hybriden in raffiniertem Kontrast zu den mittelgroßen Blütenständen der Etagen-Primeln, auch schön durch die unterschiedlichen Blütenformen.

Rechts oben: Die Kombination aus Tränendem Herz *(Dicentra spectabilis* 'Alba') und Schattensteinbrech *(Saxifraga × urbium)* ist spannend durch verschieden Blütenformen und -größen.

Rechts unten: Die weißen Bälle der Schneeball-Hortensie *(Hydrangea arborescens* 'Annabelle') gehören zum größten und auffallendsten Blütenschmuck für schattige Lagen.

Blütenformen – Kugeln, Kerzen und Co.

Nicht nur gut gewählte Kontraste der Blütenfarben und -größen machen eine gelungene Pflanzung aus, auch Kombinationen verschiedener Blütenformen tragen zur ästhetischen Wirkung bei. Hierin unterscheiden sich Schattenpflanzungen in nichts von Beeten in der Sonne: Die Fülle der unterschiedlichen Blütenformen ist bei ersteren ebenso gegeben wie bei letzteren. Ob annähernd runde Blütenkugeln wie die der Ball-Hortensien oder großblumiger Rhododendren, schlanke Kerzen wie zum Beispiel bei Kirschlorbeer *(Prunus laurocerasus)* oder Silberkerze, große oder kleine Glockenblüten wie bei Glockenblumen *(Campanula)* oder Maiglöckchen *(Convallaria majalis)*, schleierartige Blütenwolken wie die des Frauenmantels *(Alchemilla)*, Sternchenblüten wie die des Leberblümchens *(Hepatica nobilis)* oder ganz und gar ungewöhnliche Blütenformen wie die der Herzblumen *(Dicentra)* – Schattenpflanzungen lassen sich mit unterschiedlichsten Blütenformen verwirklichen.

Linke Seite, links: Die auffallenden, schlanken Blütenkerzen der Silberkerze *(Actaea simplex* 'Atropurpurea') ermöglichen in Kombination mit anderen Blütenformen kontrastreiche Pflanzungen.

Linke Seite, unten: Die in Fülle erscheinenden Blüten der Storchschnäbel wirken durch ihre charakteristische Form, aber auch durch ihre Menge.

Rechts: Die ungewöhnlich geformten Blüten der Herzblume *(Dicentra formosa)* gehören zu den stillen Schönheiten im großen Reich der Stauden.

Unten: Kleine, aber viele: Die Blütenmassen des Frauenmantels *(Alchemilla mollis)* haben eine schleierartige Wirkung.

Blühdauer

Wie lange dauert die Blüte von Gehölzen und Stauden? Eine häufig gestellte Frage, die nicht selten den Ausschlag bei der Pflanzenauswahl gibt. Während bei Gehölzen Arten mit langer Blütezeit eher in der Minderzahl sind, findet sich bei den Stauden, insbesondere im Bereich der Beetstauden, durch intensive Züchtungsarbeit eine stattliche Anzahl an Lang- und Dauerblühern. Ein gutes Beispiel hierfür ist der mittlerweile zu großer Popularität gelangte Storchschnabel 'Rozanne' *(Geranium*-Hybride 'Rozanne') mit großen blauen Blüten und fast schon penetrant langer Blütezeit (aber sehr schön!). Hier muss man allerdings ganz klar feststellen, dass in der Regel Schattenstauden in Bezug auf die Blühdauer denen für sonnige, freie Lagen unterlegen sind. Zwar finden sich durchaus einige Stauden wie Herbst-Anemonen, Sterndolde *(Astrantia major)* oder schattenverträgliche Storchschnäbel *(Geranium)* mit durchaus langer Blütezeit; echte Dauerblüher, deren Blütezeit sich über Monate erstrecken kann, sind jedoch selten. Deshalb ist bei der Planung einer Schattenpflanzung in dieser Beziehung etwas Findigkeit gefragt: Von manchen Stauden mit Beetstaudencharakter wie zum Beispiel der Prachtspiere *(Astilbe)* sind zahlreiche Sorten mit früher, mittlerer und später Blütezeit im Handel. Wenn man also für eine Pflanzung entsprechende Sorten mit verschiedenen Blütezeitpunkten auswählt, ist es durch diesen kleinen Trick trotzdem möglich, sich über einen sehr langen Zeitraum an blühenden Astilben zu erfreuen.

Blütezeiten

Damit Blütenfarben, -formen und -größen optimal zusammenwirken, müssen die Blütezeiten der verwendeten Pflanzen zusammenfallen. Was für Pflanzungen anderer Lebensbereiche gilt, gilt selbstverständlich auch für schattige Beete: Einzelne Pflanzen oder Pflanzengruppen sind schön, größte Schönheit und gestalterische Vollkommenheit entsteht aber nur, wie oben dargelegt, durch Kontraste und ein Sich-Ergänzen der verwendeten Blüten. Wenn in einer Schattenpflanzung also hauptsächlich Blütenpflanzen verwendet werden sollen, ist ein Zusammenfallen der Blütezeitpunkte deshalb unabdingbar.

Immer wieder hört man den Wunsch, dass in dem vorgesehenen Beet doch immer, also von Frühjahr bis Herbst, et-

was blühen möge. Gerade im Schatten jedoch ist dies, wie oben dargelegt, nicht so einfach zu verwirklichen. Sinnvoll ist eine solche Herangehensweise sowieso nur bei größeren Pflanzflächen, denn dort erlaubt das Platzangebot die Bildung verschiedener Pflanzengruppen für die unterschiedlichen Jahreszeiten. Bei kleinen Flächen ist es viel schöner und ansprechender, die geplante Pflanzung einer bestimmten Jahreszeit oder sogar einem bestimmten Blütemonat zuzuordnen. Den Rest der Vegetationsperiode sollten schöne Kontraste von Strukturen, Blatttexturen oder Laubfarben dafür sorgen, dass die Pflanzung die ganze Vegetationsperiode über interessant aussieht.

Linke Seite: Taglilien-Sorten *(Hemerocallis*-Hybriden) können recht unterschiedliche Blütezeiten haben. Durch geschickte Kombination mehrerer Sorten lässt sich die Blühdauer unter Umständen über Monate ausdehnen.

Oben: Die Sterndolde *(Astrantia major,* im Bildmittelgrund) gehört zu den Stauden mit erfreulich langer Blühdauer. Zusammen beispielsweise mit Blattschmuckpflanzen entstehen Pflanzungen, die über viele Wochen wirkungsvoll sind.

»Es grünt so grün« – aber nicht immer! Farbiges Laub im Schatten

Wenn nun also, wie im vorangegangenen Kapitel erläutert, bei blühenden Pflanzen für den Schatten in mancher Hinsicht das Spektrum etwas eingeschränkt sein kann, wovon lebt eine interessante und über einen langen Zeitraum im Jahr attraktive Schattenpflanzung noch?

Spannende Gestaltungsmöglichkeiten bieten Pflanzen, die durch andersfarbiges oder gezeichnetes Laub von der grünen Norm abweichen. Man kann unterscheiden zwischen reinen Blattschmuckpflanzen, die nur über unscheinbare Blüten verfügen, und solchen, die Blütenschmuckwirkung und farbiges Laub für einen gewissen Zeitraum miteinander verbinden. Allen gemeinsam jedoch ist, dass die dekorative Wirkung des farbigen Laubes bei vielen Pflanzen die gesamte Vegetationsperiode hindurch andauert und so den Blütenschmuck in dieser Hinsicht bei weitem übertrifft. Dies ist gerade bei Schattenpflanzungen, bei denen Blütengröße und auch Blühdauer manchmal etwas eingeschränkt sein können, von großem gestalterischem Interesse. Die Laubfarben treten entweder an die Stelle bunter Blüten oder unterstützen diese in ihrer Wirkung. Weißbuntes, gelbbuntes, gelbes oder silbriges Laub hellt Schattenpartien dauerhaft auf und ist dadurch von Bedeutung. Flächen weiß- oder gelbbunten Laubes wirken wie von Licht übergossen oder von der Sonne beschienen und bieten ungewöhnliche und kreative Gestaltungsmöglichkeiten.

Linke Seite: Das weißbunte Laub der Funkien greift die Blütenfarbe des Geißbarts auf und ergänzt so die farbliche Gestaltung.

Unten: Farbiges Laub statt bunter Blumen: Auch mit nur wenigen Blütenpflanzen wirkt dieses Beet dennoch abwechslungs- und kontrastreich.

Weißbuntes Laub

Von sehr vielen Gehölz- und Staudenarten gibt es mittlerweile Sorten mit weißbuntem Laub. Die weiße Zeichnung entsteht dadurch, dass an manchen Stellen des Blattes das Blattgrün fehlt. Je nach Verlauf der weißen und grünen Bereiche auf der Blattspreite entstehen attraktive Ränder, Farbfelder und Farbverläufe, zum Beispiel beim Weißbunten Hartriegel *(Cornus alba* 'Elegantissima') oder den zahlreichen prächtigen weißbunten Funkien-Sorten, zum Beispiel *Hosta undulata* 'Univittata', *H.*-Hybride 'Francee' oder *H.*-Hybride 'Patriot'.

Die weiße Panaschierung stellt eine Besonderheit dar, und Pflanzen, die dieses besondere Laub haben, unterscheiden sich hinsichtlich ihrer Wuchskraft von ihren reingrünen Verwandten: Chlorophyll, der grüne Pflanzenfarbstoff, ist Voraussetzung für die Photosynthese; wenn, wie bei weißbuntem Laub, ein Teil des Chlorophylls fehlt, bringt dies eine verminderte Photosyntheseleistung mit sich. Das ist der Grund, warum Pflanzen mit weiß gezeichnetem Laub in der Regel etwas schwächer wachsen und insgesamt kleiner bleiben als solche mit rein grünen Blättern.

Chlorophyll hat aber noch eine andere wichtige Funktion: Der grüne Farbstoff stellt einen aktiven Zellschutz dar, der die Pflanze vor Schäden durch aggressive UV-Strahlung bewahrt. Bei weiß panaschierten Blättern ist dieser Schutz reduziert. Das hat zur Folge, dass manche Gehölze und Stauden mit weißbuntem Laub sonnenempfindlicher sind als solche mit grünen Blättern. Insbesondere Pflanzen, bei denen schon die grünlaubigen Arten und Sorten unter starker Sonneneinstrahlung leiden, fallen in diese Kategorie. Diese sonnenempfindlichen weißbunten Varietäten sind ideale Pflanzen für halbschattige oder schattige Beete.

Links: Weißbunte Sträucher wie diese Varietät des Pfeifenstrauchs *(Philadelphus coronarius* 'Variegatus') stehen ideal an schattigeren Plätzen, die sie mit ihrer hellen Laubfarbe optisch zum Leuchten bringen.

Rechte Seite: Die Blätter der Weißbunten Sterndolde *(Astrantia major* 'Sunningdale Variegated') wirken für sich schon sehr zierend. In Kombination mit kontrastierenden Blüten wie denen von Astilben entstehen Pflanzungen, die immer wieder unterschiedliche, interessante Aspekte bieten.

Gelbbuntes und gelbes Laub

Anders als bei weißen Blattzeichnungen fehlt bei gelb gefärbtem und gelbbuntem Laub an diesen Stellen das Chlorophyll nicht völlig, sondern ist etwas reduziert und wird von gelben Farbstoffen überlagert. Dass grüner Farbstoff durchaus vorhanden ist, kann man daran erkennen, dass viele gelblaubige Gehölze und Stauden im Frühjahr leuchtend gelb austreiben, die gelbe Farbe im Laufe des Gartenjahres aber zunehmend zurückweicht und sich häufig in ein helles Grün, Gelbgrün oder Chartreuse verwandelt.

Was bei weißbuntem Laub in Bezug auf die Sonnenempfindlichkeit gesagt wurde, trifft auch auf gelbe und gelbbunte Blätter zu: Vielen Sorten mit gelbbunten Blättern, insbesondere aber den rein gelblaubigen Pflanzen, ist direkte Sonneneinstrahlung, vor allem während der heißen Mittagsstunden, nicht zuträglich. Unschöne braune Flecken, verbräunte Blattränder oder ein regelrechter Sonnenbrand, der die ganze Blattspreite betrifft, können die Folgen sein. Daher sind viele gelblaubige Gehölze und Stauden an zumindest lichtschattigen Standorten viel besser aufgehoben. Hinzu kommt, dass die gelbe Farbe im Schatten schön leuchtet und wesentlich wirkungsvoller ist als im grellen Sonnenlicht, wo gelblaubige Pflanzen manchmal unangenehm ausgebleicht oder messingfarben aussehen können. Im Schatten dagegen lassen gelblaubige Gehölze wie die Gold-Berberitze *(Berberis thunbergii* 'Aurea') oder Stauden mit gelb gezeichnetem Laub wie der Gelbbunte Beinwell *(Symphytum grandiflorum* 'Goldsmith') dunkle Ecken erstrahlen. Trotz des fehlenden Lichtes wirken solche Flächen dann oft wie von der Sonne beschienen.

Linke Seite: Punktuell in die Pflanzung eingestreute gelbbunte Stauden und Gehölze setzen »Glanzlichter« und unterstützen das Farbkonzept.

Rechts: Durch eine ausgedehntere Verwendung gelblaubiger Pflanzen entsteht auf der ganzen Fläche ein gelber, leuchtender Unterton, der die gesamte Vegetationsperiode über bestehen bleibt und durch Blüten farblich ergänzt werden kann.

Unten: Durch die strahlenden Goldtöne wird die gesamte Pflanzung aufgehellt und einer eventuell düsteren Wirkung durch Immergrüne und den Schwarzlaubigen Schlangenbart *(Ophiopogon planiscapus* 'Niger') entgegengewirkt.

Rotes, braunes und schwarzrotes Laub

Pflanzen mit farbigem Laub aus dem rot-braunen Spektrum ähneln in einer Hinsicht denen mit gelbem Laub: Auch bei ihnen ist der grüne Farbstoff durch den roten lediglich überdeckt, aber dennoch vorhanden. Allerdings gibt es auch einen Unterschied: Rot-, braun- und schwarzlaubige Pflanzen sind nicht so sonnenempfindlich, ganz im Gegenteil: der rote Farbstoff bildet sich nur unter Lichteinfluss. Deshalb dürfen Pflanzen mit Blattfarben aus diesem Farbspektrum wie zum Beispiel die zahlreichen prächtigen rotlaubigen Sorten des Purpurglöckchens *(Heuchera*-Hybriden) niemals zu schattig gepflanzt werden. Zum einen bildet sich der rote Farbstoff bei fehlendem Sonnenlicht zurück und das Laub vergrünt, zum anderen aber gilt das, was auch für Blüten aus dem roten und violetten Farbspektrum gilt: Das dunkle Laub verschwindet optisch im Vollschatten oder tiefen Schatten und kann kaum wahrgenommen werden. Daher immer beherzigen: Pflanzen mit rotem, rotbraunem oder schwarzrotem Laub wie zum Beispiel die rotlaubige Fasanenspiere *(Physocarpus opulifolius* 'Diabolo') oder die rotlaubigen Sorten der September-Silberkerze *(Cimicifuga* jetzt: *Actaea simplex* 'Brunette','Pink Spike') oder den bodendeckenden, grasartigen Schwarzen Schlangenbart *(Ophiopogon planiscapus* 'Niger') halbschattig oder im lichten Schatten pflanzen!

Links oben: Ein Klassiker unter den schwarzroten Stauden: Rotlaubiges Purpurglöckchen *(Heuchera*-Hybride), schön kombiniert mit Knöterich *(Polygonum affine).*

Links unten: Auch Gehölze wie der schwarzlaubige Holunder *(Sambucus nigra* 'Black Lace') tragen, besonders in Kombination mit anderen Laubschmuckpflanzen, zu kontrastreichen Pflanzungen bei.

Rechte Seite, links: Der Japanische Regenbogenfarn *(Athyrium niponicum* 'Metallicum') vereint schwarzrote und silbrige Töne in sich.

Rechte Seite, rechts: Schöne Effekte werden durch die Kombination aus silbernem Laub und kontrastierenden Blütenfarben erzielt.

Silbrig gezeichnetes Laub

Anders als bei silbern wirkendem Laub sehr sonnenverträglicher Pflanzen, das durch Behaarung oder eine Wachsschicht diesen Farbton annimmt, stellen silberne Blattzeichnungen bei schattenverträglichen Pflanzen keinen Verdunstungsschutz dar. Hier handelt es sich um Lufteinschlüsse, die direkt unter der Epidermis liegen, das darunterliegende Blattgrün optisch abschirmen und die Blattoberfläche silbern erglänzen lassen. Weder die Wüchsigkeit noch die Sonnenempfindlichkeit der betreffenden Pflanzen werden durch diese Silberschicht verändert. Die Blattfarbe bleibt in der Regel die ganze Vegetationsperiode über erhalten. Sie belebt und erhellt schattige Bereiche genau wie die helle Farbigkeit von weißbuntem oder gelbbuntem Laub. Wundervolle Schattenstauden mit silbern gezeichneten Blättern sind zum Beispiel Kaukasusvergissmeinnicht *(Brunnera macrophylla* 'Jack Frost', 'Looking Glass', 'Silver Wings') oder das mittlerweile riesige Sortiment an blattschönen Lungenkräutern *(Pulmonaria* 'Sterling Silver', 'Reginald Kaye', 'Highdown').

Blatttexturen

Neben der Laubfarbe spielen auch die Texturen der Blätter eine wichtige Rolle für die Schmuckwirkung des Laubes und die Gestaltung insgesamt. Was für sonnige Pflanzungen gilt, gilt für Schattenpflanzungen noch viel mehr: Wenn neben den Blatt- und Blütenfarben auch die Blatttexturen bei der Zusammenstellung berücksichtigt werden, entstehen spannende und über lange Zeiträume hinweg attraktive Pflanzungen, bei denen ein Fehlen blühender Pflanzen oder eventuelle Blühpausen kaum ins Gewicht fallen.
Gar nicht so selten wird in Büchern oder Zeitschriften der Terminus Blattstrukturen verwendet. Diese Bezeichnung jedoch ist fachlich falsch, da der Begriff Strukturen ausschließlich für die Wuchsformen von Pflanzen verwendet wird (siehe folgendes Kapitel). Blätter haben Texturen, womit die Oberflächenqualität und zum Teil auch die Blattgröße gemeint sind. Man unterscheidet fünf Stufen: Sehr fein, fein, mittel, grob und sehr grob. Als Faustregel kann gelten, dass für eine Pflanzung drei verschiedene Texturstufen verwendet werden sollten, aber dies ist natürlich nur ein Anhaltswert. Insbesondere bei größeren Pflanzflächen können auch sämtliche Abstufungen miteinander kombiniert werden. Durch die Zusammenstellung von beispielsweise groben ledrig-glänzenden, mittleren behaarten und feinen, zart gefiederten Blättern entsteht im Zusammenwirken mit Blattfarben und Blüten die Vielfalt, die bei einer Pflanzung den Eindruck von Vollkommenheit entstehen lässt.

Sehr fein

Scheinwaldmeister
(Phuopsis stylosa)

Pfauenradfarn
(Adiantum pedatum)

Eibe
(Taxus baccata)

Fein

Filigranfarn
(Polystichum setiferum)

Buchsbaum
(Buxus sempervirens)

Japan-Waldgras
(Hakonechloa macra 'Aureola')

Mittel

Frauenmantel
(Alchemilla mollis)

Hainbuche
(Carpinus betulus)

Hirschzunge
(Phyllitis scolopendrium)

Grob

Kaukasusvergissmeinnicht
(Brunnera macrophylla 'Jack Frost')

Riesen-Astilbe
(Astilbe rivularis)

Bergenie im Herbst
(*Bergenia*-Hybride)

Eine gelungene Kombination aus groben, mittleren und feinen Blatttexturen, ergänzt noch durch abwechslungsreiche Laubfarben.

Die gekonnt verwendeten Texturkontraste zusammen mit bunten Blättern lassen Blüten hier fast überflüssig erscheinen.

Sehr grob

Blaublatt-Funkie
(Hosta sieboldiana 'Elegans')

Gestieltblättriges Schaublatt
(Rodgersia podophylla 'Rotlaub')

Tafelblatt
(Astilboides tabularis)

Strukturen und Wuchshöhen

Ebenfalls von Bedeutung für die Zusammenstellung einer schönen, interessanten Schattenpflanzung sind neben Blüten, Laubfarben und Blatttexturen auch die verschiedenen Strukturen und Wuchshöhen der verwendeten Gehölze und Stauden.

Durch unterschiedliche Wuchshöhen von (sehr) hoch bis sehr niedrig kann auch in Schattenbeeten genau wie in sonnigen Rabatten eine Höhenstaffelung verwirklicht werden. Das bedeutet, dass vom Hintergrund des Beetes ausgehend, wo die höchsten Pflanzen ihren Platz finden, die Pflanzen schrittweise immer niedriger werden. Eine solche Anordnung der Pflanzen auf der Fläche erfordert allerdings, besonders was die schrittweisen Abstufungen betrifft, etwas Überlegung. Fallen die Übergänge nämlich zu abrupt aus und stehen zum Beispiel ganz hohe hinter ganz niedrigen Pflanzen, ist die Wirkung nicht so, wie sie sein könnte. Die Fülle an für unsere Gärten geeigneten heimischen und fremden Schattenstauden sowie die zahlreichen Züchtungen und Kulturformen bieten jedoch viele Möglichkeiten, schön gestaffelte Beete zu schaffen und harmonische Übergänge zu verwirklichen, besonders wenn sie noch mit Gehölzen kombiniert werden.

Nicht zuletzt spielen bei einer gelungenen Pflanzung auch die Wuchsformen oder Strukturen der verwendeten Gehölze und Stauden eine Rolle. Ob aufrecht wachsend (wie die Säulen-Eibe, *Taxus baccata* 'Fastigiata'), übergeneigt (wie die Weidenblättrige Felsenmispel, *Cotoneaster floccosus)*, schräg wachsend (wie das Pfeifengras, *Molinia arundinacea* 'Karl Foerster'), hängend (wie die Hänge-Hemlocktanne, *Tsuga canadensis* 'Pendula'), bizarr (wie die Korkenzieher-Hasel, *Corylus avellana* 'Contorta'), indifferent (wie die Stechpalme, *Ilex aquifolium*) oder waagrecht (wie die Waldsteinie,

Waldsteinia ternata): die Einbeziehung von Pflanzen mit verschiedenen Wuchsrichtungen sorgt für Abwechslung in der Pflanzung. Auch der Einsatz selbst geschaffener Strukturen wie Formschnittgehölze in Gestalt von Kugeln, Kegeln oder Würfeln ist möglich und erhöht die Vielfalt.

Linke Seite: Auch Strukturen machen eine Pflanzung interessant: Hier kontrastieren die Säulenformen auf spannende Weise mit trichter- und schirmförmigen Gehölzen. Auch die gelungene Höhenstaffelung trägt zum prächtigen Bild bei.

Oben links: Schlicht, aber nicht langweilig: Durch unterschiedliche Strukturen (aufrecht, übergeneigt) und verschiedene Wuchshöhen ergänzen sich Wald-Schmiele *(Deschampsia cespitosa)* und Frauenmantel auf das Schönste.

Oben rechts: Diese Rhododendron-Pflanzung mit dem eindrucksvollen Mammutblatt *(Gunnera manicata)* im Hintergrund lebt auch von den unterschiedlichen Wuchshöhen.

Rechts: Selbstgeschaffene Struktur: Die kontrapunktischen Eibenquader kontrastieren mit der naturnahen Pflanzung im Hintergrund.

Immergrüne Gehölze und Stauden

Pflanzen, die ihre Blätter nicht nur von Frühjahr bis Herbst, sondern auch über die kalte Jahreszeit hinweg halten, stehen bei manchen Gartenbesitzern hoch im Kurs. Sie gelten als pflegeleicht (man muss im Herbst kein Laub rechen!) und versorgen den Garten in der Tristesse des Winters, wenn sommergrüne Gehölze ihre kahlen Äste in den Himmel recken und viele Stauden komplett verschwunden sind, zumindest mit etwas Grün. Auch für Sichtschutzpflanzungen sind immergrüne Gehölze sehr gefragt. Weil kühle und wenig besonnte Standorte den Ansprüchen der meisten immergrünen Laub-, aber auch einer ganzen Reihe von Nadelgehölzen sehr entgegenkommen, sind sie für die Verwendung in schattigen Gärten oder Pflanzflächen von besonderem Interesse.

Dabei sollte man jedoch berücksichtigen, dass insbesondere immer- oder wintergrüne Laubgehölze spezielle Ansprüche an ihren Standort stellen und sich in manchen Dingen von ihren sommergrünen Verwandten unterscheiden:

- Sie sind grundsätzlich empfindlicher als sommergrüne Laubhölzer, besonders in Bezug auf die Winterhärte. Vereinfacht ausgedrückt, kostet es die Pflanzen große Energie, die Blätter kontinuierlich zu halten, und die dafür eingesetzte Kraft geht ihnen bei der Aufgabe, dem Frost zu trotzen, ab. Sobald die Temperaturen im Frühjahr ansteigen, wird bei immergrünen Laubgehölzen zudem sofort auf Sommerbetrieb umgeschaltet; die Gefahr von Schäden durch Spätfröste ist daher relativ hoch.
- Sie sind empfindlich gegen Wintersonne und erfordern deswegen besondere Sorgfalt bei der Standortwahl. Die Empfindlichkeit rührt daher, dass bei Sonne im Winter das Laub Wasser verdunstet. Dieses Wasser kann bei gefrorenem Untergrund aber nicht aus dem Boden ergänzt werden; im Extremfall vertrocknet die Pflanze oder zeigt zumindest Trockenschäden. Bei Anzeichen von Trockenheit, zum Beispiel hängenden oder eingerollten Blättern, muss auch im Winter gewässert werden!

Tipp! **Selbst gut winterharte immergrüne Laubgehölze sind nie so winterhart wie sommergrüne. Die Frostempfindlichkeit ist bei Sorten mit buntem Laub (weißbunt, gelbbunt) noch stärker ausgeprägt.**

Tipp! **Bei im Winter ausgefallenen Immergrünen wird oft fälschlich angenommen, die Pflanzen seien erfroren; in Wirklichkeit sind sie vertrocknet. Vorsicht bei immergrünen Laubgehölzen, die im Sommer im Schatten größerer sommergrüner Bäume stehen, nach dem Laubfall im Herbst und Winter aber durchaus der Sonne ausgesetzt sein können. Besonnte Ostlagen meiden!**

Linke Seite: Buntlaubige Formen der Stechpalme *(Ilex aquifolium, I. × altaclarensis)* sind frostempfindlicher als ihre grünen Artgenossen.

Rechts: Wintergrüne Stauden wie die Waldsteinie *(Waldsteinia ternata)* und immergrüne Gehölze wie Buchs benötigen Schutz vor Wintersonne.

Unten: Auch Bergenie *(Bergenia*-Hybride) und Schwarzer Schlangenbart *(Ophiopogon planiscapus* 'Niger', vorne) sind wintergrün und können bei Besonnung im Winter Schäden davontragen. Eine Abdeckung, zum Beispiel aus Fichtenreisig, schafft Abhilfe.

- Sie wünschen lockere und humose Böden, keine kalten und schweren Lehm- oder Tonböden. In schweren Böden reifen immergrüne Laubhölzer nur schlecht aus, was die Frostgefahr verstärkt. Zudem halten sich Frostkerne in schweren Böden viel länger, was die Gefahr der Frosttrocknis erhöht.
- Sie sollten stets windgeschützt gepflanzt werden. Austrocknende Winde sind sommers wie winters zu meiden.
- Sie sind auf Luft- und Bodenfeuchtigkeit angewiesen. Trockenzeiten im Sommer sollten auf ein Minimum beschränkt bleiben.

Nicht ganz so anspruchsvoll, was ihren Standort betrifft, sind immergrüne Nadelgehölze und immer- oder wintergrüne Stauden. Bei Nadelgehölzen schlägt positiv zu Buche, dass ihre Winterhärte im Vergleich zu der immergrüner Laubgehölze insgesamt besser ist. Zudem stellen bei Nadelgehölzen die zu der Sonderform Nadel oder Schuppe umgeformten Blätter an sich schon einen Verdunstungsschutz dar, der die Gefahr der Frosttrocknis verringert.

Immer- oder wintergrünen Stauden ist häufig eine nur mäßige Wuchshöhe zu eigen, so dass sie, schneesichere Lagen vorausgesetzt, im Winter von der weißen Pracht bedeckt und der Wintersonne nicht oder kaum ausgesetzt sind. Bei Kahlfrösten oder in Gegenden, in denen Schneefall eher die Ausnahme als die Regel darstellt, ist dennoch Vorsicht geboten. Ein Schutz vor Wintersonne, zum Beispiel durch aufgelegte Fichtenzweige, kann sinnvoll sein.

Links: Für anspruchsvolle Pflanzungen aus verschiedenen Immergrünen sollten deren Standortansprüche sorgfältig berücksichtigt werden.

Rechte Seite: Nach der relativ kurzen Rhododendron-Blüte kann der Eindruck einer solchen Pflanzung hauptsächlich aus Immergrünen recht eintönig sein. Eine Ergänzung durch sommergrüne Gehölze, auch mit buntem Laub, und Stauden mit späterer Blütezeit bietet sich an.

Gestalterische Aspekte

Bei der Verwendung immergrüner Gehölze und Stauden im Garten sind nicht nur Standortbedingungen, sondern, eigentlich selbstverständlich, auch gestalterische Aspekte zu berücksichtigen. Hier ist man nicht schlecht beraten, wenn man die gute alte Regel »Weniger ist mehr« (oder kann zumindest mehr sein) beherzigt. Gerade in kleinen Gärten sollte die Verwendung Immergrüner nicht überhand nehmen. Natürlich fällt bei immer- oder wintergrünen Pflanzen kein Herbstlaub an; natürlich ist es schön, wenn sich das Auge auch während der kalten Jahreszeit an etwas Grün vor oder hinter dem Haus erfreuen kann. Richtig erfreulich bleibt die Situation allerdings nur, wenn vor allem immergrüne Gehölze gezielt und quasi auf den Punkt verwendet werden, und nicht in Massen.

Tut man letzteres, können Gärten entstehen, die zum einen durch das dunkle Laub vieler dieser Gehölze, wie beispielsweise bei Rhododendren, Eiben oder Kirschlorbeer, düster und, gerade in Kombination miteinander, kontrastarm wirken. Ein zusätzlicher negativer Effekt ist die statische Wirkung vieler Immergrüner, die einen Großteil des Jahres, von einer kurzen Unterbrechung durch eine eventuelle Blüteperiode einmal abgesehen, immer gleich ausschauen. Oft werden solche Vergesellschaftungen aus Immergrünen für Gärten gewählt, bei denen ein repräsentativer Eindruck angestrebt wird, und nicht selten stellt man dann ernüchtert fest, dass er zwar durchaus repräsentativ, vor allem aber eines ist: äußerst langweilig!

Sommergrüne Gehölze, die sich im Lauf der Vegetationsperiode von prächtiger Blüte zu interessantem Fruchtschmuck oder von im Austrieb zartgrünem zu im Sommer dunkelgrünem und schließlich im Herbst leuchtend verfärbtem Laub verändern, haben an optischen Reizen häufig doch etwas mehr zu bieten. Wie schön ist es, im Garten die Veränderung der Jahreszeiten, den Lauf der Zeit auch an den sich anders präsentierenden Pflanzen zu erkennen!

Für eine spannende Gestaltung sollten, wie oben bereits angesprochen, immergrüne Gehölze ganz gezielt, vor allem aber – insbesondere in Kombination mit immergrünen Bodendeckern und Stauden – in nicht zu großen Mengen verwendet werden. Die Anzahl immergrüner Gehölze sollte deutlich hinter der der sommergrünen Bäume und Sträucher zurückbleiben. Dies gilt besonders auch für die Verwendung von Nadelgehölzen, deren oft anspruchsvolle Kronen- bzw. Wuchsform (Spitzkegel) bei massenhafter Verwendung im Garten schaurige Effekte hervorrufen kann. Das Verhältnis Nadelgehölze zu Laubgehölze sollte bei einer guten Gestaltung das Verhältnis 1:5 oder 1:4 nicht überschreiten.

Unten: Bei dieser Vorgartengestaltung mit vielen Immergrünen bieten sommergüne und buntlaubige Gehölze sowie Stauden Abwechslung.

Rechte Seite: Glänzend grünes Laub mit gelber Herbstfärbung und auffallende weiße Blütenrispen machen die Kletter-Hortensie zu einem äußerst attraktiven Kandidaten für die Begrünung der »dritten Dimension«.

Die dritte Dimension: Kletterpflanzen

Natürlich sorgen in erster Linie Bäume und Sträucher durch ihre Wuchshöhe für die dritte Dimension im Garten, aber mit Schling- und Kletterpflanzen kann man zusätzliche, beeindruckende Akzente setzen. Auch gelingt mit Schlingern, was mit »normalen« Gehölzen nur schwer zu verwirklichen ist: Man kann mit ihnen Gebautes begrünen. Ob Efeu, der eine vielleicht nicht allzu schöne Gebäudewand oder auch eine Gartenmauer charmant umspielt oder gnädig verhüllt, Kletter-Hortensien *(Hydrangea anomala* subsp. *petiolaris)*, die mit leuchtend grünen Blättern und attraktiven, spitzenhäubchenähnlichen weißen Blüten Leben an einen schattigen Treppenaufgang bringen, oder duftendes Geißblatt *(Lonicera)*, das einen halbschattigen Sitzplatz oder eine Laube romantisch umschlingt – Kletterpflanzen bereichern auch schattige Gärten.

Eine weitere schöne Verwendungsmöglichkeit von Kletterpflanzen ist, sie in andere, größere Gehölze hineinwachsen zu lassen, so wie es auch in der Natur in der Regel der Fall ist. Auf diese Weise ergeben sich originelle Gestaltungsmöglichkeiten: Man könnte beispielsweise die Blütezeiten von Sträuchern verlängern, indem man eine Schlingpflanze hineinwachsen lässt, deren Blütezeit vor oder nach der des Strauches liegt. Denkbar wäre natürlich auch eine gleichzeitige Blüte von Strauch und Schlingpflanze, um auffallende Effekte zu erzielen. Besonders schöne Möglichkeiten aber ergeben sich durch die Schaffung starker Kontraste: ließe man in ein großes (!) immergrünes Gehölz wie eine Stechpalme oder eine Eibe eine sommergrüne, blühende Schlingpflanze wie zum Beispiel eine Halbschatten vertragende Waldrebe wie *Clematis montana* 'Alba' hineinwachsen, würden die eher starren, dunkelgrünen Zweige des immergrünen Gehölzes zusammen mit den vergänglichen, biegsamen, in diesem Fall weißblühenden Trieben der Waldrebe einen Kontrast von großer Ausdrucksstärke bilden.

Schattenpflanzungen in den Jahreszeiten

Gut geplante Pflanzungen sehen zu jeder Jahreszeit interessant aus, und es macht eigentlich immer Freude, sie zu betrachten. Dennoch verfügen alle Jahreszeiten über besondere, eben jahreszeitliche Highlights. Diese entsprechend den eigenen Vorlieben und den Gegebenheiten des Standortes besonders herauszuarbeiten, kann von großem gestalterischem Reiz sein und einem Garten seine ganz eigene, individuelle Prägung geben. Besonders schön ist es, wenn man diese Betonung der jahreszeitlichen Besonderheiten nicht nur auf das Frühjahr beschränkt (leider ein Phänomen, das man in vielen Gärten beobachten kann), sondern sie über alle Jahreszeiten hinweg, mindestens aber bis zum Herbst durchhält.

Frühling

Zwiebeln, Knollen und das vorauseilende Blühen

Für Pflanzungen im Bereich sommergrüner Laubgehölze gibt es eine stattliche Anzahl von Zwiebel- und Knollenpflanzen, mit denen man schon mit Beginn der Vegetationsperiode bunte Gartenbilder malen kann. Dazu muss man allerdings wissen, dass nur wenige dieser Zwiebelblumen, wie zum Beispiel die Frühlingsknotenblume *(Leucojum vernum)*, der Hohle Lerchensporn *(Corydalis cava)* oder das Hasenglöckchen *(Hyacinthoides non-scripta)*, echte Schattenkinder sind. Die meisten Vorfrühlings- oder Frühlingsblüher wissen Sonne durchaus zu schätzen. Da sie in der Natur zwischen oder am Rand von sommergrünen Laubgehölzen vorkommen, ist dies jedoch kein Problem: Wenn sie austreiben und blühen, stehen Bäume und Sträucher noch ohne Laub da und das Sonnenlicht erreicht den Boden und damit auch die kleinen Pflanzen im Wurzelbereich. Mit dem Laubaustrieb der Gehölze sind die Zwiebel- und Knollenpflanzen meist auch schon verblüht und ziehen ein. Unter der Erde überdauern sie die lichtarme Zeit bis zum nächsten Frühjahr. Ihre Zwiebeln oder Knollen stellen Speicherorgane dar, in denen Nährstoffe eingelagert werden. Dieses Blühen vor dem Laubaustrieb der Gehölze bezeichnet man als »vorauseilendes Blühen«. Wer schon einmal im Frühjahr in unseren heimischen Wäldern große Teppiche leuchtend violettblauer Leberblümchen *(Hepatica nobilis)* oder wie ein expressionistisches Gemälde anmutende Flächen gelber Winterlinge *(Eranthis hyemalis)* zwischen den Bäumen gesehen hat, der weiß, dass es schönere und typischere Frühlingsbilder kaum geben kann. Auch im Schattengarten kann man sich im Bereich sommergrüner Gehölze dieses vorauseilende

Seite 86/87: Typische Gartenbilder auch im Winter durch Frühblüher wie die Schneeheide, Immergrüne und schöne Rindenfarben.

Oben: Ein »Fluss« aus Traubenhyazinthen *(Muscari latifolium)* schafft in dieser Gehölzpflanzung ein bezauberndes Frühlingsbild.

Rechte Seite, oben: Auch Bärlauch *(Allium ursinum)* und Schachbrettblume *(Fritillaria meleagris)* sind charakteristische Frühjahrsblüher.

Rechte Seite, unten: Forellenlilien *(Erythronium*-Hybride 'Pagoda') sind Kostbarkeiten des frühlingshaften Schattengartens.

Blühen zu Nutze machen: Im Wurzelbereich von Bäumen und Sträuchern (aber nicht im Rasen!), in halbschattigen Lagen in Staudenpflanzungen oder zwischen Staudenbodendeckern können Zwiebelgewächse wie Schneeglöckchen *(Galanthus nivalis)*, Alpenveilchen *(Cyclamen coum)* oder Schneeglanz *(Chionodoxa luciliae)* wunderschön wirken. Eine Kombination mit Stauden oder Staudenbodendeckern empfiehlt sich auch deshalb, weil die Zwiebeln nach der Blüte bald im Boden verschwinden und sonst nackte Stellen in der Pflanzung hinterlassen würden. Die Blüte sehr früher Gehölze wie Kornelkirsche *(Cornus mas)*, Vorfrühlings-Heckenkirsche *(Lonicera × purpusii)* oder Vorfrühlings-Rhododendron *(Rhododendron praecox)* wird durch Zwiebelpflanzen ebenfalls spektakulär ergänzt; gemeinsam können sie einen ersten Höhepunkt des Gartenjahres bilden.

Weitere schöne Frühjahrsblüher

Auch verschiedene Gehölze und Stauden können dem Schattengarten im Frühling ein charakteristisches Aussehen verleihen. Besonders wenn der Vorfrühling in den Frühling übergeht, wird die Auswahl der zu dieser Jahreszeit blühenden Pflanzen erfreulich groß: Man denke nur an die dem Hoch- bis Spätfrühling zuzurechnenden großblumigen Rhododendren oder Azaleen, an immergrüne, gut zu Rhododendren passende Kleinsträucher wie Lavendelheide *(Pieris japonica)* oder Lorbeerkrüglein *(Leucothoë walteri)*, an duftende Blühwunder wie den Oster-Schneeball *(Viburnum × burkwoodii)* oder die attraktiv in leuchtendem Gelb blühenden Mahonien *(Mahonia aquifolium)*. Unterpflanzt mit schattenverträglichen Stauden wie Kaukasusvergissmeinnicht *(Brunnera macrophylla)*, Wald-Anemone *(Anemone sylvestris)*, Tränendes Herz *(Dicentra spectabilis)*, Frühlings-Platterbse *(Lathyrus vernus)*, Kugel-Primel *(Primula denticulata)* oder Dreiblatt *(Trillium grandiflorum)* sowie frühjahrsblühenden Staudenbodendeckern wie Elfenblume *(Epimedium)*, Gedenkemein *(Omphalodes verna)*, Lungenkraut *(Pulmonaria dacica*, zum Beispiel 'Blue Ensign') oder Waldsteinie *(Waldsteinia ternata)*, entstehen farbenfrohe, frühlingshafte Gartenbilder. Zwiebel- oder Knollenpflanzen wie die erlesene Hundszahnlilie *(Erythronium dens-canis)*, Maiglöckchen *(Convallaria majalis)*, Blaustern *(Hyacinthoides hispanica)* oder Sommer-Knotenblume *(Leucojum aestivum)* können ergänzt werden.

Sommer

Nicht nur in Schattengärten ist zu beobachten, dass die blühenden Pflanzen mit Fortschreiten des Gartenjahres immer weniger werden. Wenn dies eine gestalterische Absicht ist und, gerade in schattigen Gärten, die Betonung ab dem Sommer hauptsächlich auf der Blattschmuckwirkung, also auf Laubfarben und -texturen liegen soll, ist dagegen nichts zu sagen. Häufig ist es aber nur Unachtsamkeit, die die Gärten ab der Jahreshälfte arm an Blüten werden lässt: Bei Planung und Pflanzeneinkauf hat sich der gärtnerische Elan hauptsächlich auf das Frühjahr beschränkt, weil es nach dem Winter sehnsüchtig erwartet und mit entsprechender Aufmerksamkeit bedacht wird. Die nachfolgenden Jahreszeiten werden dann eher ein bisschen »stiefkindlich« behandelt, manchmal auch aus einer gewissen Ratlosigkeit heraus, ob denn in schattigen Lagen der Sommer (und natürlich auch der Herbst) noch mit Blüteschönheiten aufwarten kann.

Tatsächlich ist es so, dass an schönen Sommerblühern, sowohl Gehölzen als auch Stauden, die für den Schatten geeignet sind, zwar kein Überfluss herrscht, aber auch kein völliger Mangel: Man denke nur an die Blütenpracht der Hortensien, die in der Regel im Monat Juli beginnt. Nicht nur durch verschiedene Blütenfarben wie Weiß, Rosa, Rot und, abhängig vom pH-Wert des Bodens, auch Blau, sondern auch durch unterschiedliche Blütenformen wie Spitzenhäubchen, Bälle oder Kegel bereichern diese Sträucher den sommerlichen Schattengarten. Auch im Reich der Stauden wird man relativ leicht fündig: Hier können im Halbschatten prächtige Blütenpflanzen wie Sommer-Eisenhut *(Aconitum napellus, A. henryi, A. × cammarum)*, Prachtspiere *(Astilbe)* in verschiedenen Arten und Sorten, Schlangenkopf *(Chelone obliqua)*, Silberkerze *(Cimicifuga* jetzt: *Actaea racemosa)*, Schellenblume *(Adenophora*-Hybride 'Amethyst') oder Johanniskraut *(Hypericum androsaemum)* das Bild prägen. Auch robuste Taglilien-Wildarten wie die Braunrote Taglilie *(Hemerocallis fulva)* lohnen einen Versuch.

Linke Seite: Hortensien und Hoher Stauden-Phlox *(Phlox paniculata)* sind typische Vertreter hochsommerlicher Pflanzungen. Beide gedeihen gut in halbschattigen Lagen.

Oben: Astilben sind klassische Sommerblüher im Halbschatten und Schatten. Hier wurden sie gekonnt mit Greiskraut, Kandelaber-Ehrenpreis *(Veronicastrum virginicum)* und Hosta kombiniert, ...

Rechts: ... wirken zum Beispiel aber auch mit Klassikern wie der sehr schattenverträglichen Schneeball-Hortensie, besonders durch kontrastierende Blütenfarben, sehr schön.

Herbst

Nun neigt sich das Gartenjahr dem Ende entgegen. Die Menge der herbstblühenden Gehölze ist allgemein sehr überschaubar, nicht unerwähnt bleiben sollte aber die gut schattenverträgliche Herbstblühende Zaubernuss *(Hamamelis virginiana)*. Wie gut, dass es etliche Stauden gibt, die auch dieser Jahreszeit noch etwas Blütenfarbe verleihen können: Von Herbstblühern mit Beetstaudencharakter für den Halbschatten wie Herbst-Eisenhut *(Aconitum × carmichaelii* 'Arendsii') und Herbst-Anemonen *(Anemone*-Japonica-Hybriden, *A. tomentosa)* über erlesene, exotisch anmutende Schönheiten wie Krötenlilie *(Tricyrtis hirta, T. macropoda)* und Wachsglocke *(Kirengeshoma palmata)* oder Raritäten wie Japanischem Maiglöckchen *(Reineckea carnea)* und Oktober-Steinbrech *(Saxifraga cortusifolia* var. *fortunei)* bis hin zur ausläufertreibenden, als Bodendecker verwendbaren Lilientraube *(Liriope muscari)* mit attraktiven, perlähnlichen Blüten in Weiß oder Violett, mit denen man auch zu fortgeschrittener Jahreszeit noch attraktive Kombinationen schaffen kann.

Zeit der bunten Blätter und Früchte

Zudem hat der Herbst noch einiges mehr zu bieten als Blüten: Insbesondere Herbstfärbung und Fruchtschmuck tragen wesentlich zu jahreszeittypischen, dekorativen Aspekten bei. Halbschattengehölze wie sommergrüne Azaleen, deren Laub sich im Herbst in prächtige rot-orange-violette Töne verfärbt, Hortensien wie die Strauch-Hortensie *(Hydrangea arborescens)* oder die Kletter-Hortensie *(Hydrangea anomala* subsp. *petiolaris)*, deren Blätter im Herbst leuchtend gelb werden, Farbwunder wie Geflügeltes Pfaffenhütchen *(Euonymus alatus)* oder Prachtglocke *(Enkianthus campanulatus)*, deren Blattfarbe vor dem Laubfall bis zu dunklem Rot gehen kann, oder Herbstüberrascher wie die ansonsten wenig spektakuläre Spitzblättrige Felsenmispel *(Cotoneaster lucidus)*, die im Herbst häufig ein kunterbuntes Harlekinsgewand anlegt, lassen auch den (Halb-)Schattengarten in leuchtenden Farben erstrahlen. Dabei ist zu berücksichtigen, dass speziell für die Bildung der roten Farbtöne eine ausreichende Menge an Sonnenlicht vorhanden sein muss; der Schatten darf also nicht zu tief sein.

Auch viele Stauden wie Viriginischer Ehrenpreis *(Veronicastrum virginicum)*, Himalaya-Wolfsmilch *(Euphorbia griffithii)*,

die immergrünen Bergenien *(Bergenia*-Hybriden) oder Farne wie der sommergrüne Frauenfarn *(Athyrium filix-femina)* nehmen vor der Winterruhe leuchtende Gelb-, Orange- oder sogar Rottöne an.
Besonders schön ist es natürlich, wenn Gehölze, ob sommer- oder immergrün, den herbstlichen Garten noch durch ihren Fruchtschmuck bereichern. Die auffallenden Früchte der Stechpalme *(Ilex aquifolium)*, zusammen mit den immergrünen Zweigen ein beliebter Weihnachtsschmuck, von sommer- oder immergrünen Felsenmispeln *(Cotoneaster bullatus, C. floccosus)*, des Feuerdorns *(Pyracantha coccinea)* oder der spektakulären, immergrünen Japanischen Frucht-Skimmie *(Skimmia japonica)* sorgen für dekorative, farbenfrohe und typische Herbstbilder.

Linke Seite: Mit Herbst-Anemonen kann man zum Jahresausklang noch einmal ein Feuerwerk an Farbe auf den Beeten zaubern.

Oben: Buntes Herbstlaub stellt einen ausgezeichneten Ersatz für Blüten dar und lässt den Garten am Ende der Vegetationsperiode erstrahlen.

Rechts: Spätblüher wie Kerzen-Knöterich *(Bistorta amplexicaulis)* und Lilientraube *(Liriope muscari)* erfreuen bis zu den ersten Frösten.

Winter

Sogar zu Zeiten der Vegetationsruhe ist es möglich, im Garten zumindest einige attraktive Highlights zu verwirklichen. Dazu muss man aber ehrlicherweise vorausschicken, dass diese winterliche Attraktivität von klimatischen Faktoren doch stark begrenzt werden kann. Schöne und interessante Winterbilder können vor allem in Gärten in milden und schneearmen Lagen, zum Beispiel am Niederrhein, in bestimmten Gegenden Norddeutschlands oder allgemein in klimatisch begünstigten Weinbaugegenden entstehen. Wer dagegen im Erzgebirge, Schwarzwald oder im bayrischen Voralpenland gärtnert, muss sich darüber klar sein, dass die dort noch immer häufigen starken Schneefälle interessante Winterbilder im Garten, wie die so häufig propagierten herrlichen Aspekte von Gräsern, schwierig bis unmöglich machen. Falls die winterlichen Niederschläge und ein nicht zu raues Klima es aber zulassen, ist es durchaus möglich, ansprechende Winterpflanzungen zu schaffen. Hierfür eignen sich unter anderem immergrüne Gehölze, auch solche mit buntem Laub (zum Beispiel buntlaubige Formen des Pfaffenhütchens, *Euonymus fortunei* 'Emerald Gaiety' (weißbunt), 'Emerald 'n Gold' (gelbbunt), sommergrüne Gehölze mit schöner Rindenfarbe wie zum Beispiel verschiedene Hartriegel-Arten (*Cornus alba* 'Sibirica' (leuchtend rot), *C. sericea* 'Flaviramea' (gelb) oder *C. sanguinea* 'Winter Beauty' (orangerot)) sowie extreme Frühblüher wie beispielsweise die Zaubernuss *(Hamamelis × intermedia*, frühe Sorten wie 'Pallida', 'Ruby Glow'), unsere heimische Schnee-Heide *(Erica carnea*, in zahlreichen farbenfrohen Kulturformen) oder Stauden wie Christ- oder Lenzrosen *(Helleborus niger, H.-orientalis*-Hybriden). In den Wurzelbereichen der sommergrünen Gehölze und zwischen Stauden könnten auch noch frühblühende Zwiebelpflanzen wie Schneeglöckchen *(Galanthus nivalis)* oder Krokusse wie der Elfen-Krokus *(Crocus tommasinianus)* angesiedelt werden.

Linke Seite: Raureif verleiht den wintergrünen Blättern der Elfenblume *(Epimedium)* silbrige, grafisch wirkende Konturen.

Rechts: Auch prächtige Rindenfarben wie die des Sibirischen Hartriegels *(Cornus alba* ´Sibirica') tragen zu schönen Winterbildern bei.

Pflanzungen für spezielle Ansprüche

Die Ansprüche an den eigenen Garten sind nicht selten ebenso vielfältig und unterschiedlich wie die Gartenbesitzer selbst, und sie alle in einem Buch darzustellen, erscheint unmöglich. Dennoch gibt es einige wesentliche, immer wieder auftauchende Kernpunkte, die neben dem zentralen Wunsch (nämlich dass der Garten schön und harmonisch sein soll), genannt werden, wenn Überlegungen zur Gestaltung angestellt werden. Für Gartenanfänger ist häufig die Auswahl robuster Pflanzen von Bedeutung, für viele andere Hobbygärtner dagegen die Pflegeleichtigkeit der Anlage. Für manche sind Pflanzen mit speziellen Bodenansprüchen, oft für saure Böden, von Interesse, und das Gros der Gartenbesitzer eint ein (fast) allgegenwärtiges Problem: Schnecken!

Pflegeleichte Pflanzungen

Der Inhalt dieses Kapitels überschneidet sich zum Teil mit dem des folgenden, »Robuste Pflanzen«, denn Kombinationen aus unempfindlichen und vitalen Pflanzen wohnt an sich schon ein gewisses Maß an Pflegeleichtigkeit inne. Dennoch gibt es beim Thema »Pflegeleichtigkeit« einige spezielle Punkte zu beachten:

Pflegeleicht bedeutet nicht, dass überhaupt keine Pflege erforderlich sein wird! Auch Pflanzungen, die hauptsächlich aus Bodendeckern und einigen wenigen robusten Gehölzen und Stauden bestehen, erfordern zumindest ein gewisses Maß an Pflege, wie unter Umständen einen jährlichen Rückschnitt im Herbst, gelegentliches Auslichten, Wässern bei großer Hitze oder Ähnliches. Auch sollte man sich darüber im Klaren sein, dass pflegeleichte Pflanzungen, die zudem auch noch gewisse ästhetische Kriterien erfüllen sollen, sorgfältig geplant werden müssen. Größte Schönheit bei gleichzeitiger Pflegeleichtigkeit wird wohl häufig ein unerfüllter Traum bleiben. Aufwendig gestaltete Pflanzungen, die Beetstauden, Formschnittgehölze und dazu vielleicht noch eine nicht unbeträchtliche Menge verschiedener Gattungen und Arten beherbergen, können nicht gänzlich pflegeleicht sein. Je geringer der Pflegeaufwand, desto schlichter oder aber auch naturnäher ist in der Regel die Gestaltung. Dies bedeutet aber nicht automatisch, dass sie einfallslos oder etwa nicht ansprechend sein muss. Ein Beispiel aus einem Garten: Eine halbschattige Böschung, die schlecht zu betreten und noch schlechter zu mähen war, wurde aus Gründen der Pflegeleichtigkeit ganz mit Efeu als Bodendecker bepflanzt. Zwischen dem Efeu wurden einige Braune Taglilien *(Hemerocallis fulva)* angesiedelt. Diese aus Asien stammende Taglilie ist robust, verträgt Halbschatten und breitet sich über Ausläufer aus, ohne lästig zu werden. Ihre Blätter treiben im Frühjahr in einem ganz zarten Hellgrün aus, das einen schönen Farbkontrast zum dunklen Efeugrün bildet. Dazu kommt der Texturkontrast der langen, linealen Blätter zum derben Laub des Efeus. Die im Juli erscheinenden orangebraunen Blüten der Taglilie sind eine zusätzliche Zierde. Mit einfachen Mitteln ist so eine pflegeleichte, optisch aber dennoch völlig befriedigende Pflanzung entstanden.

Für eine pflegeleichte Pflanzung sollte man

- darauf achten, dass der Boden, zumindest während der Vegetationsperiode, möglichst lückenlos bedeckt ist. Dies kann entweder durch Gehölz- oder Staudenbodendecker oder durch gut zusammenwachsende Pflanzenkombinationen geschehen. Durch die Pflanzendecke werden Unkräuter unterdrückt, das Jäten somit auf ein Minimum beschränkt. Auch wird durch die Pflanzendecke die Verdunstung von Bodenfeuchtigkeit reduziert (siehe Kapitel »Bodenpflege«), der Boden bleibt länger und gleichmäßiger feucht, was den einen oder anderen Bewässerungsgang ersparen kann;

- besonderes Augenmerk auf eine den Standortfaktoren entsprechende Pflanzenauswahl legen. Wenn beispielsweise bei trockenem Boden robuste, trockenheitsverträgliche Pflanzen gewählt werden, spart dies viel Arbeit, weil sich die Pflanzen gut entwickeln und trotz der Trockenheit nicht oder nur in Maßen gewässert werden muss;
- sich auf wenige Gattungen und Arten beschränken. Sinnvoll sind größere Flächen aus Bodendeckern, mit einigen robusten Sträuchern im Hintergrund der Pflanzung und einigen punktuell eingestreuten Staudengruppen;
- alle Pflanzen vermeiden, die extra Pflegemaßnahmen erfordern. Dazu gehören zum Beispiel standschwache Stauden, die gestützt oder aufgebunden werden müssen, Pflanzen, die einen Rückschnitt während der Vegetationsperiode erfordern (zum Beispiel von Verblühtem) sowie Formschnittgehölze und Schnitthecken;
- bei Gehölzen auf zum Standort passende Wuchseigenschaften und Endgrößen achten. Häufig werden für platzmäßig beschränkte Situationen wie Innenhöfe oder Durchgänge zu große Sträucher oder gar Bäume gewählt, im weit verbreiteten Irrglauben, man könne sie ja schneiden. Zu groß gewählte Gehölze können nicht durch Schnittmaßnahmen klein gehalten werden, ohne ihre natürliche Wuchsform völlig zu zerstören. Darüber hinaus laufen die ständig erforderlichen Schnittmaßnahmen natürlich jedem Ansatz von Pflegeleichtigkeit zuwider.

Robuste Pflanzen, auch für Gartenneulinge

Es gibt sie durchaus, die sehr robusten Gehölze und Stauden, die man auch Gartenanfängern getrost empfehlen kann, weil sie eine breite Standortamplitude haben oder allgemein anspruchslos sind. An vielen Gartenplätzen gedeihen sie willig, sofern ihre Standortansprüche ausreichend beachtet werden. Mit Kombinationen, die aus der nachfolgenden Liste zusammengestellt werden, fällt es auch Gartenanfängern leichter, gut funktionierende Pflanzungen zusammenzustellen.

Seite 96/97: Eine so gut eingewachsene, dicht geschlossene Pflanzung aus Waldsteinien *(Waldsteinia ternata)* macht kaum Arbeit

Linke Seite: Große Flächen aus immergrünen Bodendeckern sind recht pflegeleicht, regelmäßig zu schneidende Formgehölze dagegen nicht.

Links: Auch in Flächen aus robusten, wintergrünen Gehölzbodendeckern und Stauden eingestreute Gruppen aus Sträuchern erfordern nur wenig Pflege.

Eine Auswahl robuster Gehölze und Stauden

Deutscher Name	Botanischer Name	Eigenschaften
1. Gehölze		
Felsenbirne	*Amelanchier lamarckii*	Bl.: Weiß, April, H.: 400–500 cm, so–hs. Allgemein anspruchslos
Hartriegel	*Cornus alba, C. sanguinea*	Bl.: Weiß, Mai, H.: 200–300 cm, so–hs. Anspruchslos, Rindenfarbe!
Haselnuss	*Corylus avellana*	Bl.: Kätzchen, Februar–April H.: 400–500 cm, so–sch
Felsenmispel	*Cotoneaster dammeri, C. floccosus, C. salicifolius*	Bl.: Weiß, Mai–Juni, H.: sortenabhängig, so–hs (–sch). Fruchtschmuck!
Weißdorn	*Crataegus laevigata*	Bl.: Weiß, Mai H.: 300–400 cm, so–hs
Kletter-Spindelstrauch	*Euonymus fortunei*	Bl.: Unscheinbar, Juni–Juli, H.: sortenabhängig, 30–40 cm, so–hs (–sch). Buntlaubige Sorten
Efeu	*Hedera helix*	Bl.: Grüngelb, September–Oktober, H.: Kletternd bis 20m, als Bodendecker 30 cm, abs–sch
Heckenkirsche	*Lonicera coerulea, L. tatarica*	Bl.: Nach Art und Sorte, April–Mai–Juni H.: 200–300 cm, so–hs. Anspruchslos
Pfeifenstrauch	*Philadelphus* in Sorten	Bl.: Weiß, Juni , H.: sortenabhängig, so–abs. Duft!
Fasanenspiere	*Physocarpus opulifolius*	Bl.: Weiß–Rosa, Juni–Juli, H.: 300–400 cm, so–sch. Anspruchslos, buntlaubige Sorten
Feuerdorn	*Pyracantha*-Hybriden	Bl.: Weiß, Mai, H.: 200–300 cm, so–hs. Schöner Fruchtschmuck
Gold-Johannisbeere	*Ribes aureum*	Bl.: Gelb, April–Mai, H.: 200–300 cm, so–sch. Anspruchslos
Schneebeere, Korallenbeere	*Symphoricarpus albus* var. *laevigatus, orbiculatus, × doorenbosii*	Bl.: Weiß–Rosa, ab Juni, unscheinbar, H.: 100–200 cm je nach Sorte, so–hs (–sch). Anspruchslos, Fruchtschmuck
Flieder	*Syringa vulgaris*	Bl.: sortenabhängig, Mai , H.: 400–500 cm, so–hs. Prachtvolle Blüten, Duft!
Schneeball	*Viburnum opulus, × pragense, × burkwoodii*	Bl.: Weiß, nach Art April–Juni, H.: 200–400 cm, so–hs; *V. opulus* schöne Früchte, *V. × burkwoodii* Duft!

Abkürzungen: BL = Blüte; **H** = Höhe; **so** = sonnig; **hs** = halbschattig; **sch** = schattig; **abs** = abschattig; **G** = Gehölz; **GR** = Gehölzrand

Deutscher Name	Botanischer Name	Eigenschaften
2. Stauden		-b = mit Beetstaudencharakter
Frauenmantel	*Alchemilla mollis*	Bl.: Grünlichgelb, Juni–Juli H.: 30–40 cm, GR2–3, so–abs
Garten-Herbst-Anemone	*Anemone tomentosa 'Robustissima'*	Bl.: Rosa, August–Oktober H.: 100–120 cm, GR1–2–b, so–hs
Wald-Geißbart	*Aruncus dioicus*	Bl.: Weiß, Juni–Juli H.: 150–180 cm, GR2, so–sch
Turiner Meister	*Asperula taurina*	Bl.: Weiß, Mai–Juni H.: 20–40 cm, G, GR2, hs-sch
Prachtspiere	*Astilbe × arendsii*	Bl.: sortenabh., Juli–August H.: sortenabh., G, GR2–3–b, abs–hs
Chinesische Prachtspiere	*Astilbe chinensis* in Sorten	Bl.: Lilarosa, August–Sept. H.: 50 cm, GR, G2–b, abs–hs
Sterndolde	*Astrantia major*	Bl.: Rosaweiß, Juni–August H.: 50 cm, G, GR2, abs–hs
Wald-Frauenfarn	*Athyrium filix-femina*	Bl.: – H.: 50–80 cm, G, GR2, hs–sch
Bergenie	*Bergenia cordifolia* in Sorten	Bl.: Sortenabh., April–Mai H.: Sortenabh., GR2, abs–hs
Gewöhnlicher Wurmfarn	*Dryopteris filix-mas*	Bl.: – H.: 50–90 cm, G, GR2, hs–sch
Elfenblume	*Epimedium × perralchicum* 'Frohnleiten'	Bl.: Gelb, April–Mai H.: 20–30 cm, G, GR2–3,hs–sch
Knotiger Bergwald-Storchschnabel	*Geranium nodosum*	Bl.: Rosa, Mai–September H.: 40–50 cm, G, GR2, abs–sch
Oxford-Storchschnabel	*Geranium × oxonianum* 'Wargrave Pink'	Bl.: Rosa, Juni–August H.: 30–40 cm, GR2, so–abs
Brauner Storchschnabel	*Geranium phaeum*	Bl.: Schwarzviolett, Mai–Juli H.: 50–70 cm, GR2, abs–hs
Veränderlicher Storchschnabel	*Geranium versicolor*	Bl.: Hellrosa, Juni–August H.: 30–40 cm, G, GR2, abs–sch
Garten-Nelkenwurz	*Geum coccineum* 'Werner Arends'	Bl.: Orange, Mai–Juli H.: 30–40 cm, GR2–b, so–hs
Purpurglöckchen	*Heuchera micrantha*	Bl.: Sortenabh., Juli–August H.: Sortenabh., GR2, hs

Deutscher Name	Botanischer Name	Eigenschaften
(2. Stauden)		
Blaublatt-Funkie	*Hosta sieboldiana 'Elegans'*	Bl.: Bläulichweiß, Juli–August H.: 50–70 cm, GR, B2, hs–sch
Silbrige Garten-Goldnessel	*Lamiastrum galeobdolon* 'Florentinum'	Bl.: Gelb, Mai–Juni H.: 20–30 cm, G, GR1–2, hs–sch
Wald-Marbel	*Luzula sylvatica*	Bl.: Braun, Mai–Juni H.: 20–40 cm, G, GR2–3, hs–sch
Gold-Felberich	*Lysimachia punctata*	Bl.: Gelb, Juni–August H.: 60–80 cm, GR2–3, so–sch
Trichterfarn	*Matteuccia struthiopteris*	Bl.: – H.: 80–100 cm, G, GR2–3, hs–sch
Frühlings-Gedenkemein	*Omphalodes verna*	Bl.: Blau, April–Mai H.: 10–15 cm, G, GR2, so–hs
Hirschzungenfarn	*Phyllitis scolopendrium*	Bl.: – H.: 30–50 cm, G, GR2–3, abs–sch
Jakobsleiter	*Polemonium caeruleum*	Bl.: Blau, Mai–Juli H.: 60–70 cm, GR3, so–hs
Weicher Schildfarn	*Polystichum setiferum*	Bl.: – H.: 50–60 cm, G, GR2, hs
Schaublatt	*Rodgersia aesculifolia, podophylla*	Bl.: Weiß, Juni–Juli H.: 100–150 cm, G, GR2–3, abs–hs
Schatten-Porzellanblümchen	*Saxifraga × urbium*	Bl.: Zartrosa, Mai–Juni H.: 10–15 cm, GR2, abs
Kleiner Kaukasus-Beinwell	*Symphytum grandiflorum*	Bl.: Cremeweiß, April–Mai H.: 20–30 cm, GR2, so–hs
Schaumblüte	*Tiarella cordifolia*	Bl.: Weiß, April–Juni H.: 10–20 cm, G, GR2, hs–sch
Kandelaber-Ehrenpreis	*Veronicastrum sibiricum*	Bl.: Lila, Juni–Juli H.: 150–180 cm, GR2–3–b, so–hs
Kleines Immergrün	*Vinca minor*	Bl.: Blauviolett, April–Mai H.: 10–15 cm, G, GR2, hs–sch
Waldsteinie, Ungarwurz	*Waldsteinia ternata*	Bl.: Gelb, April–Mai H.: 10–20 cm, G, GR2, hs–sch

Schneckensichere Pflanzungen

Gerade in schattigen Lagen finden Schnecken Bedingungen vor, die ihnen sehr behagen: kühle Temperaturen und in vielen Fällen eine erhöhte Luft- und Bodenfeuchtigkeit. Und da sie sich in dieser Umgebung so wohl fühlen, können die schleimigen »Freunde« dort ihrer zerstörerischen Tätigkeit viel ungehemmter nachgehen als in sonnigen Beeten. Wenn der Garten nicht sehr schneckengeplagt ist, kann man versuchen, zu Abwehrmaßnahmen wie Schneckenkorn zu greifen. Wenn aber der Befall sehr hoch ist und man sehr viele Schnecken im Garten beherbergt, hilft erfahrungsgemäß gerade bei stark gefährdeten Pflanzen nichts mehr. Das einzige, was die anbrandenden Schneckenwogen noch zurückhalten könnte, wären spezielle Schneckenzäune, die von den Tieren nicht überwunden werden können. Allerdings sind diese Produkte meist optisch nicht sehr ansprechend und kommen aus diesem Grund für naturnahe Gehölzrandpflanzungen überhaupt nicht in Frage. Davon abgesehen ist ihre Errichtung auch mit einem nicht unbeträchtlichen Aufwand verbunden. Was also tun, wenn der Garten zum Schneckentreff wird?

Die beste und einfachste Lösung für dieses Problem ist die Verwendung schneckensicherer Pflanzen, von denen es eine so große Auswahl gibt, dass auch ein »Schneckengarten« vielfältig und kreativ bestückt werden kann. Da Gehölze in der Regel wenig gefährdet sind (mit Ausnahme einiger Halbsträucher, auch Hortensien können manchmal betroffen sein), enthalten die folgenden Listen ausschließlich Stauden. Es wird zwischen absolut schneckensicheren und relativ schneckensicheren Stauden unterschieden. Relativ schneckensichere können unter bestimmten Umständen wie nicht optimalen Standortbedingungen geschädigt werden oder werden allgemein gering befressen (zum Beispiel nur die untersten Stängelblätter).

Rechts oben: Vielseitig verwendbar, robust und zudem absolut schneckensicher: der Frauenmantel *(Alchemilla mollis)*.

Rechts unten: Auch alle Akeleien, hier im Bild die schöne Sorte 'Nora Barlow' mit gefüllten Blüten, können als völlig schneckensicher gelten.

Eine Auswahl schneckensicherer Stauden

Deutscher Name	Botanischer Name
1. Absolut schneckensicher	
Berg-Eisenhut	*Aconitum napellus*
Frauenmantel	*Alchemilla mollis*
Japan-Anemone	*Anemone*-Japonica-Hybriden
Garten-Herbst-Anemone	*Anemone tomentosa*
Akelei	*Aquilegia* alle Arten und Sorten
Geißbart	*Aruncus* alle Arten und Sorten
Prachtspiere	*Astilbe* alle Arten und Sorten
Tafelblatt	*Astilboides tabularis*
Bergenie	*Bergenia* alle Arten und Sorten
Kerzenknöterich	*Bistorta amplexicaulis*
Nesselblättrige Glockenblume	*Campanula trachelium*
Dolden-Glockenblume	*Campanula lactiflora*
Himalaya-Wolfsmilch	*Euphorbia griffithii*
Sumpf-Wolfsmilch	*Euphorbia palustris*
Alle Storchschnäbel, z.B.: Pyrenäen-Storchschnabel	*Geranium endressii*
Knotiger Bergwald-Storchschabel	*Geranium nodosum*
Brauner Storchschnabel	*Geranium phaeum*
Wald-Storchschnabel	*Geranium sylvaticum*
Prächtiger Storchschnabel	*Geranium × magnificum*
Garten-Storchschnabel	*Geranium*-Gracile-Hybride 'Sirak'
Nelkenwurz	*Geum* alle Arten und Sorten
Christrose, Lenzrose	*Helleborus* alle Arten und Sorten
Leberblümchen	*Hepatica nobilis, H. transsylvanica*

Deutscher Name	Botanischer Name
Purpurglöckchen	*Heuchera* alle Arten und Sorten
Frühlings-Gedenkemein	*Omphalodes verna*
Kugel-Primel	*Primula denticulata*
Japanische Etagen-Primel	*Primula japonica*
Siebolds Primel	*Primula sieboldii*
Jakobsleiter	*Polemonium caeruleum*
Schaublatt	*Rodgersia* alle Arten und Sorten
Schatten-Porzellanblümchen	*Saxifraga × urbium*
Schaumblüte	*Tiarella* alle Arten und Sorten
Kandelaber-Ehrenpreis	*Veronicastrum* alle Arten und Sorten
Waldsteinie	*Waldsteinia* alle Arten und Sorten
Alle Farne	
Alle Gräser	
2. Relativ schneckensicher	
China-Beifuß	*Artemisia lactiflora*
Sterndolde	*Astrantia* alle Arten und Sorten
Kaukasusvergissmeinnicht Weißblühende Sorten stärker gefährdet!	*Brunnera macrophylla*
Wald-Glockenblume	*Campanula latifolia* var. *macrantha*
Fingerhut	*Digitalis* alle Arten und Sorten
Silbrige Garten-Goldnessel	*Lamiastrum galeobdolon* 'Florentinum'
Tibet-Primel	*Primula florindae*
Lungenkraut	*Pulmonaria* in Sorten
Großblütiger Garten-Ziest	*Stachys grandiflora* 'Superba'

Linke Seite: Sowohl die vielen buntlaubigen Formen des Purpurglöckchens *(Heuchera*-Hybriden) als auch die Lilientraube *(Liriope muscari)* sind im schneckengeplagten Garten eine gute Wahl.

Ganz oben: Geißbart *(Aruncus*-Aethusifolius-Hybride) ist zuverlässig schneckensicher, das Greiskraut *(Ligularia dentata)* dagegen, wie im Bild zu erkennen, wird schwer geschädigt.

Oben: Die Wald-Glockenblume *(Campanula latifolia*, vorne) ist nur gering schneckengefährdet, die Dolden-Glockenblume (*Campanula lactiflora*, hinten im Bild) sogar völlig schneckensicher.

Pflanzen für saure Böden

Im Kapitel »Bodenvorbereitung« wurden Pflanzen für saure Böden bereits kurz angesprochen. Neben Böden, die beispielsweise für eine gewünschte Rhododendron-Pflanzung extra vorbereitet werden müssen, gibt es selbstverständlich auch Böden, die von Natur aus torfig, anmoorig oder aber auch sandig sind und einen niedrigen pH-Wert (Werte deutlich unter 7) mit entsprechend saurer Reaktion aufweisen. Je nach sonstigen Standortfaktoren (Niederschläge, Luftfeuchtigkeit, Jahrestemperatur im Mittel, Nährstoffgehalt des Bodens, Belichtung) können solche Standorte zum Beispiel für immergrüne Sträucher aus der Familie der Heidekrautgewächse *(Ericaceae)* ideal sein. Dieser großen Familie gehören so wichtige Gattungen wie Besenheide *(Calluna)*, Schnee-Heide *(Erica)*, Rhododendron, Skimmie *(Skimmia)*, Lorbeerrose *(Kalmia)*, Rebhuhnbeere *(Gaultheria)*, Bärentraube *(Arctostaphylos uva-ursi)*, Preiselbeere *(Vaccinium vitis-idaea)* oder Heidelbeere *(Vaccinium myrtillus)* an. Viele

Linke Seite: In sauren, humosen Böden lassen sich solche anspruchsvollen Zusammenstellungen aus sommer- und immergrünen Rhododendren gut verwirklichen.

Oben: Auch Skimmien *(Skimmia japonica, S. japonica* 'Rubella') gedeihen in sauren Böden und stellen gute Pflanzpartner für Rhododendren dar.

von ihnen haben ähnliche Ansprüche an ihren Standort und sind in licht- oder halbschattigen Lagen bei saurem, humosem Boden sehr gut zu verwenden.

Aber auch andere schöne und gartenwürdige Laub- und Nadelgehölze schätzen halbschattige Lagen bei saurem Boden; dazu gehören prächtige japanische Ahorn-Arten wie Schlangenhaut-Ahorn *(Acer capillipes)*, Rostbart-Ahorn *(Acer rufinerve)*, Eisenhutblättriger Japan-Ahorn *(Acer japonicum* 'Aconitifolium') oder der bekannte Fächer-Ahorn *(Acer palmatum)*, Frühlingsblüher wie Scheinhasel *(Corylopsis)* oder Federbuschstrauch *(Fothergilla)*, beeindruckende Fruchtschmuckgehölze wie Großfruchtiges Pfaffenhütchen *(Euonymus planipes)* oder Kissen-Schneeball *(Viburnum davidii)*, auffallende Blütenschönheiten wie Sommer-Magnolie *(Magnolia sieboldii)* oder Chinesischer Blumen-Hartriegel *(Cornus kousa* var. *chinensis)* oder immergrüne, äußerst dekorative Nadelgehölze wie Schirmtanne *(Sciadopitys verticillata)*, Zwerg-Muschelzypresse *(Chamaecyparis obtusa* 'Nana Gracilis') oder Hemlocktanne *(Tsuga canadensis)*.

Aber natürlich kann eine abwechslungsreiche Bepflanzung nicht ausschließlich aus Gehölzen bestehen. In jedem Fall sollten Sträucher, egal ob sommer- oder immergrün, durch Stauden ergänzt werden. Insbesondere Pflanzungen immergrüner Laubgehölze wie Rhododendren geben nach der Blüte nur wenig her und wirken durch das dunkle Grün der Blätter nicht selten etwas düster, weshalb es bei solchen Gehölzen besonders interessant ist, sie durch Blütenfarben, Blatttexturen, Laubfarben und Wuchsformen der krautigen Pflanzen zu ergänzen.

Gut eignen sich zum Beispiel Farne wie der Pfauenradfarn *(Adiantum pedatum)*, Frauenfarn *(Athyrium filix-femina)*, Garten-Regenbogenfarn *(Athyrium niponicum* 'Metallicum'), Wurmfarn *(Dryopteris filix-mas)* oder Brauns Schildfarn *(Polystichum braunii)*. Aber auch interessante Schattengräser wie die Gelbgrüne Garten-Segge *(Carex elata* 'Bowles Golden'), die Morgenstern-Segge *(Carex grayi)*, Schnee-Hainsimse *(Luzula nivea)* oder Wald-Marbel *(Luzula sylvatica)* sowie Blütenschönheiten wie der anspruchsvolle Himalaya-Scheinmohn *(Meconopsis betonicifolia)*, Wald-Phlox *(Phlox divaricata* var. *divaricata)*, Primeln wie die Orchideen-Primel *(Primula vialii)* oder Siebolds-Primel *(Primula sieboldii)*, Schaumblüte *(Tiarella)*, Rostfarbiger Fingerhut *(Digitalis ferruginea)*, Alpen-Akelei *(Aquilegia alpina)* oder Zwerg-Geißbart *(Aruncus aethusifolius)* eigenen sich gut für saure Böden.

Allerdings sollte man die Ansprüche an den pH-Wert auch nicht sklavisch eng auslegen. Je lockerer und humoser der Boden, je besser alle anderen Standortansprüche der Pflanzen berücksichtigt werden, desto weniger wichtig wird die Bodenreaktion. Deshalb ist es gut möglich, Pflanzen wie Rhododendren oder andere aus Asien stammende Gehölze mit ebenfalls aus dieser Region stammenden Stauden wie Prachtspiere *(Astilbe)*, Funkie *(Hosta)*, Japan-Waldgras *(Hakonechloa macra)* oder Herbst-Anemonen *(Anemone japonica)* zu kombinieren.

Linke Seite: Der Garten-Regenbogenfarn *(Athyrium niponicum* 'Metallicum') schätzt saure, locker-humose Böden.

Oben: Auch Sauergräser wie die Gelbgrüne Garten-Segge *(Carex elata* 'Bowles Golden') stellen gute Pflanzpartner für Heidekraut-Gewächse dar.

Rechts: Etagen-Primeln wirken, auch wegen der gemeinsamen Blütezeit, wunderschön zu Rhododendren und Azaleen.

Schwierige Standorte und Lösungsmöglichkeiten

Es gibt sie in vielen Gärten: Partien, in denen aufgrund widriger Umstände ein zufriedenstellendes Gedeihen der Pflanzen kaum möglich erscheint. Was also soll man mit solchen Stellen machen? Sie aufgeben und die Orte der Ödnis einfach mit einer Mulchschicht bedecken, damit wenigstens das Unkraut an diesen Stellen kein allzu leichtes Spiel mehr hat? Oder mit größerem technischem Aufwand versuchen, beispielsweise eine trockene Fläche so zu bewässern, dass Pflanzen dort genug Feuchtigkeit vorfinden? Beides ist natürlich möglich, jedoch sollte man überlegen, ob nicht doch zunächst einmal versucht werden sollte, durch geschickte Pflanzenauswahl eine Lösung zu finden, die optisch und funktional befriedigt. Im Folgenden werden einige typische schwierige Pflanzsituationen sowie Möglichkeiten, damit umzugehen, aufgezeigt.

Trockener Schatten

Trockene Schattenpartien gibt es relativ häufig. Die Ursache hierfür kann zum Beispiel die auf der Westseite der Fläche stehende Garage des Nachbarn oder ein anderes Gebäude sein, das bewirkt, dass die vorgesehene Pflanzfläche im Regenschatten liegt (Niederschläge kommen meist aus Richtung Westen). Eine andere Gegebenheit, auch nicht selten anzutreffen, sind Pflanzstreifen direkt an hohen Schnitthecken. Bei diesen Hecken stehen viele Pflanzen auf engstem Raum zusammen und durchwurzeln den Boden intensiv, so dass für die kleineren Pflanzen zu ihren Füßen kaum Wasser übrig bleibt. Eine ähnliche Situation findet sich auch unter großen Laubbäumen, die Flach- oder Herzwurzler sind und bei denen zusätzlich vielleicht noch ein dichtes Blätterdach, das nur wenig Regen durchlässt, für Trockenheit sorgt. An solchen Stellen Bewässerungssysteme zu verlegen, ist möglich. Viele dieser Systeme laufen automatisch, so dass man sich um das Gießen nicht kümmern muss. Bevor man aber einen solchen Aufwand betreibt, sollte man vielleicht zuerst doch einmal einer Bepflanzung aus zähen, vitalen Überlebenskünstlern, denen Trockenheit nicht viel ausmacht, eine Chance geben.

Seite 110/111: Bodenfeuchte Partien, die zudem noch schattig sind, erfordern besondere Sorgfalt bei der Pflanzenauswahl.

Unten: Der Felsen-Storchschnalbel *(Geranium macrorrhizum)* kommt mit trockenem Schatten, z.B. auf Baumscheiben, ausgezeichnet zurecht.

Rechte Seite: Im Bereich des meist intensiven Wurzelsystems von Bambus gedeihen trockenheitsverträgliche Stauden wie der Schwarze Schlangenbart.

Eine Auswahl trockenheitsverträglicher Gehölze und Stauden

Deutscher Name	Botanischer Name	Eigenschaften
1. Gehölze		
Bärentraube	*Arctostaphylos uva-ursi*	Bl.: Rosaweiß, April–Mai, H.: 15–25 cm, so–hs. Für saure Böden
Buchsbaumblättrige Berberitze	*Berberis buxifolia* 'Nana'	Bl.: Orangegelb, Mai, selten, H.: 50 cm, so–abs. Anspruchslos a. d. Boden, immergrün
Roter Hartriegel	*Cornus sanguinea*	Bl.: Weiß, Mai–Juni, H.: 400–500 cm, so–hs. Allgemein anspruchslos
Weißdorn	*Crataegus monogyna*	Bl.: Weiß, Mai–Juni, H.: 200–600 cm, so–hs. Heimisch, schnittverträglich
Kletter-Spindelstrauch	*Euonymus fortunei* var. *radicans*	Bl.: Unscheinbar, Juni–Juli, H.: 30 cm, so–hs(–sch). Immergrün
Gewöhnlicher Efeu	*Hedera helix*	Bl.: Grüngelb, September–Oktober, H.: 30 cm (bodendeckend), –20m (kletternd), hs–sch. Immergrün
Johanniskraut	*Hypericum × moserianum*	Bl.: Gelb, Juli–Oktober H.: 60–80 cm, so–abs
Gewöhnlicher Liguster	*Ligustrum vulgare*	Bl.: Weiß, Juni–Juli, H.: 400–500 cm, so–sch. Allgemein anspruchslos
Gewöhnliche Mahonie	*Mahonia aquifolium*	Bl.: Goldgelb, April–Mai, H.: 100 cm, so–sch. Schattenverträglich, anpassungsfähig
Fasanenspiere	*Physocarpus opulifolius*	Bl.: Rosaweiß, Juni–Juli H.: 300–400 cm, so–sch
Feuerdorn	*Pyracantha*-Hybriden	Bl.: Weiß, Mai, H.: sortenabhängig 150–400 cm, so–hs. Anpassungsfähig, schnittverträglich
Scheinkerrie	*Rhodotypos scandens*	Bl.: Weiß, Mai–Juni, H.: 150–200 cm, so–sch. Schöner Fruchtschmuck
Alpen-Johannisbeere	*Ribes alpinum* 'Schmidt'	Bl.: Gelblichgrün, April–Mai, H.: 100–200 cm, so–sch. Allgemein anspruchslos
Bastardkorallenbeere	*Symphoricarpus × chenaultii*	Bl.: Rosa, Juni, H.: 150–200 cm, so–sch. Allgemein anspruchslos, schöner Fruchtschmuck
Korallenbeere	*Symphoricarpus × doorenbosii* 'Magic Berry'	Bl.: Rosa, Juni, H.: 100–120 cm, so–sch. Allgemein anspruchslos, schöner Fruchtschmuck
Großes Immergrün	*Vinca major*	Bl.: Violettblau, Mai (–September), H.: 25–35 cm, so–sch. Etwas frostempfindlich, auch buntlaubige Sorten

Abkürzungen: BL = Blüte; **H** = Höhe; **so** = sonnig; **hs** = halbschattig; **sch** = schattig; **abs** = abschattig; **G** = Gehölz; **GR** = Gehölzrand

Deutscher Name	Botanischer Name	Eigenschaften
2. Stauden		-b = mit Beetstaudencharakter
Garten-Herbst-Anemone	*Anemone tomentosa* 'Robustissima'	Bl.: Rosa, August–Oktober H.: 100–120 cm, GR1–2–b, so–hs
Hoher Wald-Geißbart	*Aruncus dioicus*	Bl.: Weiß, Juni–Juli H.: 150–180 cm, GR2, so–sch
Wald-Aster	*Aster divaricatus*	Bl.: Weiß, August–Oktober H.: 50 cm, GR1–2, so–hs
Vogelfuß-Segge	*Carex ornithopoda*	Bl.: Gelbgrün, April–Juni H.: 15–25 cm, GR1–2, hs
Schatten-Segge	*Carex umbrosa*	Bl.: Braun, April–Mai H.: 10–20 cm, GR1–2, hs–sch
Gelber Lerchensporn	*Corydalis lutea*	Bl.: Gelb, Mai–Oktober H.: 20–40 cm, GR1–3, abs–sch
Frühlings-Alpenveilchen	*Cyclamen coum*	Bl.: Rosa, Februar–März H.: 5–10 cm, G, GR1–2, hs
Herbst-Alpenveilchen	*Cyclamen hederifolium*	Bl.: Rosa, September–Oktober H.: 10–15 cm, G, GR1–2, hs
Schwarzmeer-Elfenblume	*Epimedium pinnatum* subsp. *colchicum*	Bl.: Gelb, April–Mai H.: 20–30 cm, G, GR1–2, hs–sch
Mandelblättrige Wolfsmilch	*Euphorbia amygdaloides* subsp. *amygdaloides*	Bl.: Grüngelb, April–Mai H.: 30–60 cm, GR1–2, abs
Felsen-Storchschnabel	*Geranium macrorrhizum*	Bl.: Purpurrosa, Mai–Juli H.: 25–35 cm, GR1, so–hs
Stinkende Nieswurz	*Helleborus foetidus*	Bl.: Grünlichgelb, März–April H.: 20–40 cm, G, GR1–2, so–hs
Silbrige Garten-Goldnessel	*Lamiastrum galeobdolon* 'Florentinum'	Bl.: Gelb, Mai–Juni H.: 20–30 cm, G, GR1–2, hs–sch
Gefleckte Garten-Taubnessel	*Lamium maculatum* 'White Nancy'	Bl.: Weiß, Mai–Juli H.: 20–25 cm, G, GR1–2, hs–sch
Steinsame	*Lithospermum purpurocaeruleum*	Bl.: Violettblau, April–Juni H.: 30 cm, G, GR1, so–hs
Echtes Salomonssiegel	*Polygonatum odoratum* var. *odoratum*	Bl.: Weiß, Mai–Juni H.: 20–40 cm, G, GR1–2, so–hs
Waldsteinie, Ungarwurz	*Waldsteinia ternata*	Bl.: Gelb, April–Mai H.: 10–20 cm, G, GR2, hs–sch

Tiefer Schatten

Im tiefen Schatten wird ein gutes Gedeihen der Pflanzen sowohl durch die stark reduzierte Lichtmenge als auch durch die fehlende Lichtintensität erschwert. Falls Pflanzen absterben, ist dies aber häufig nicht allein auf fehlendes Licht zurückzuführen. Meist spielen auch Wassermangel sowie schlechte Nährstoffversorgung eine Rolle. Um Pflanzungen im Tiefschatten erfolgreich verwirklichen zu können, sollte unbedingt zunächst an diesen beiden wichtigen Standortfaktoren angesetzt werden. Der Boden muss ausreichend mit organischer Substanz versorgt werden, zum Beispiel in Form von Kompostgaben, organischen Düngern und organischem Mulch. Eine gleichbleibende Feuchtigkeit, falls nicht von Natur aus vorhanden, sollte gewährleistet sein. Je besser die Versorgung der Pflanzen mit Wasser und Nährstoffen, desto mehr Schatten wird vertragen (siehe Kapitel »Bodenvorbereitung und Bodenpflege«).
Falls sich der tiefschattige Pflanzplatz im Bereich sommergrüner Gehölze befindet, kann man durch vorauseilendes Blühen eine ansprechende Bepflanzung erreichen (siehe Kapitel »Schattenpflanzungen in den Jahreszeiten«). Während die Gehölze im Februar, März und April noch ohne Laub dastehen, treiben und blühen die Zwiebelpflanzen zu ihren Füßen und bieten so schon einmal ein schönes Frühlingsbild. Wenn der Laubaustrieb der Gehölze abgeschlossen ist, sind die Zwiebeln verblüht und ziehen sich in den Boden zurück, um dort die lichtlose Zeit bis zum nächsten Frühjahr zu überdauern. Um nach dem Einziehen der Zwiebelblumen den Boden nicht nackt zu lassen, ist es wichtig, sie mit robusten, schattenverträglichen Stauden zu kombinieren, die im Anschluss an die Zwiebeln den Boden bedecken.
Falls der Tiefschatten nicht durch sommergrüne, sondern durch immergrüne Gehölze oder Gebäudeteile entsteht, so dass sich im Jahresverlauf an den Belichtungsverhältnissen nichts ändert, bleibt nur die Möglichkeit, es mit äußerst schattenverträglichen Gehölzen und Stauden zu versuchen.

Linke Seite: Eiben vertragen bei nicht zu trockenen Bodenverhältnissen auch tiefschattige Gartenplätze.

Oben: Schattengrün *(Pachysandra terminalis)* ist ein pflegeleichter, immergrüner Bodendecker, der auch im tiefen Schatten noch gut zurechtkommt.

Rechts: Mit den immergrünen, glänzenden Blättern der Europäischen Haselwurz (links vorne) kann man auch in sehr schattigen Lagen ruhige, ansprechende Flächen schaffen.

Eine Auswahl an Gehölzen und Stauden für tiefen Schatten

Deutscher Name	Botanischer Name	Eigenschaften
1. Gehölze		
Gewöhnlicher Buchsbaum	*Buxus sempervirens*	Bl.: Gelblichgrün, März–April , H.: 200–400 cm, so–sch. Immergrün
Kletter-Spindelstrauch	*Euonymus fortunei* var. *radicans*	Bl.: Unscheinbar, Juni–Juli, H.: 30 cm, so–hs(–sch). Immergrün
Gewöhnlicher Efeu	*Hedera helix*	Bl.: Grüngelb, September–Oktober, H.: 30 cm (bodendeckend), –20m (kletternd), hs–sch. Immergrün
Niedriges Johanniskraut	*Hypericum calycinum*	Bl.: Gelb, Juli–September, H.: 30 cm, so–sch. Winter– bis immergrün
Stechpalme	*Ilex aquifolium*	Bl.: Weiß, unscheinbar, Mai–Juni, H.: 300–500 cm, abs–hs. Immergrün, schöner Fruchtschmuck, viele Sorten sind zweihäusig!
Gewöhnlicher Liguster	*Ligustrum vulgare*	Bl.: Weiß, Juni–Juli, H.: 400–500 cm, so–sch. Allgemein anspruchslos
Rote Heckenkirsche	*Lonicera xylosteum*	Bl.: Gelblichweiß, Mai–Juni H.: 200–300 cm, so–sch. Anspruchslos, Vogelnährgehölz
Gewöhnliche Mahonie	*Mahonia aquifolium*	Bl.: Goldgelb, April–Mai. H.: 100 cm, so–sch. Immergrün, blaue, essbare Früchte
Schattengrün	*Pachysandra terminalis*	Bl.: Weiß, April, H.: 200–400 cm, hs–sch. Anspruchslos a. d. Boden, immergrün
Lavendelheide	*Pieris japonica*	Bl.: Weiß, April–Juni, H.: sortenabhängig 100–200 cm, abs–sch. Immergrün, schöne Blüte
Lorbeer-Kirsche	*Prunus laurocerasus*	Bl.: Weiß, Mai, H.: sortenabhängig, so–sch. Immergrün, schnittverträglich
Japanische Frucht-Skimmie	*Skimmia japonica*	Bl.: Weiß, Mai, H.: 60–140 cm, so–sch. Immergrün, prächtiger roter Fruchtschmuck, zweihäusig!
Korallenbeere	*Symphoricarpus × chenaultii, S. × doorenbosii, S. orbiculatus*	Bl.: Rosa, Juni, H.: 100–200 cm, so–sch. Allgemein anspruchslos, schöner Fruchtschmuck
Gewöhnliche Eibe	*Taxus baccata*	Bl.: Unscheinbar, März–April, H.: (ungeschnitten) 600–1000 cm, so–sch. Schnittverträglich, immergrün
Großes Immergrün	*Vinca major*	Bl.: Violettblau, Mai (–September), H.: 25–35 cm, so–sch. Etwas frostempfindlich, auch buntlaubige Sorten

Deutscher Name	Botanischer Name	Eigenschaften
2. Stauden		-b = mit Beetstaudencharakter
Hoher Wald-Geißbart	*Aruncus dioicus*	Bl.: Weiß, Juni-Juli H.: 150–180 cm, GR2, so-sch
Europäische Haselwurz	*Asarum europaeum*	Bl.: Rotbraun, März-April H.: 15 cm, GR2, hs-sch
Turiner Meister	*Asperula taurina*	Bl.: Weiß, Mai-Juni H.: 20–40 cm, G, GR2, hs-sch
Wald-Frauenfarn	*Athyrium filix-femina*	Bl.: – H.: 50–80 cm, G, GR2, hs-sch
Breitblatt-Segge	*Carex plantaginea*	Bl.: Gelbbraun, Mai-Juni H.: 20–35 cm, G, GR2-3, hs-sch
Gelber Lerchensporn	*Corydalis lutea*	Bl.: Gelb, Mai-Oktober H.: 20–40 cm, GR1–3, abs-sch
Wurmfarn	*Dryopteris filix-mas*	Bl.: – H.: 50–90 cm, G, GR2, hs-sch
Elfenblume	*Epimedium × perralchicum* 'Frohnleiten'	Bl.: Gelb, April-Mai H.: 20–30 cm, G, GR2–3,hs-sch
Knotiger Bergwald-Storchschnabel	*Geranium nodosum*	Bl.: Rosa, Mai-September H.: 40–50 cm, G, GR2, abs-sch
Wald-Storchschnabel	*Geranium sylvaticum*	Bl.: Violettblau, Mai-Juni H.: 50–60 cm, GR2, abs-sch
Silbrige Garten-Goldnessel	*Lamiastrum galeobdolon* 'Florentinum'	Bl.: Gelb, Mai-Juni H.: 20–30 cm, G, GR1–2, hs-sch
Lilientraube	*Liriope muscari*	Bl.: Violett, August-Oktober H.: 20–40 cm, GR2, hs-sch
Wald-Marbel	*Luzula sylvatica*	Bl.: Braun, Mai-Juni H.: 20–40 cm, G, GR2–3, hs-sch
Hirschzungenfarn	*Phyllitis scolopendrium*	Bl.: – H.: 30–50 cm, G, GR2–3, abs-sch
Schaumblüte	*Tiarella cordifolia*	Bl.: Weiß, April-Juni H.: 10–20 cm, G, GR2, hs-sch
Kleines Immergrün	*Vinca minor*	Bl.: Blauviolett, April-Mai H.: 10–15 cm, G, GR2, hs-sch
Waldsteinie, Ungarwurz	*Waldsteinia ternata*	Bl.: Gelb, April-Mai H.: 10–20 cm, G, GR2, hs-sch

(Stau-)Nasse Böden

Bodenvernässungen können auch in eigentlich ganz normalen Gärten zumindest stellenweise vorkommen. Ursachen können Verdichtungshorizonte in tieferen Bodenschichten, an denen sich Regenwasser staut und nur langsam abfließt, oder auch hoch anstehendes Grundwasser sein.

An Verdichtungsbereichen, die zusätzlich noch mit natürlichen Geländemulden zusammenfallen, können sich dauernasse oder richtiggehend sumpfige Bereiche bilden. Auch am Fuß von Böschungen, an denen Niederschlagswasser abfließt, finden sich häufig nasse Stellen. Bei schweren Lehm- oder Tonböden ist die Verdichtungsgefahr besonders groß, bei leichten Sandböden dagegen eher gering. Falls die Vernässung ihre Ursache in tieferliegenden Bodenverdichtungen hat, ist eine Behebung durch Lockerung tiefer Bodenschichten oder Verlegung einer Drainage mit nicht unerheblichem Aufwand verbunden. Vergleichsweise einfach jedoch ist es, gut nässeverträgliche Gehölze und Stauden zu finden, deren natürliche Lebensbereiche zum Beispiel Wasserränder, Sumpfzonen oder Überflutungsbereiche von Flüssen sind. Darunter finden sich nicht wenige, die zumindest Halbschatten vertragen und somit auch an nassen Stellen im Schattengarten Verwendung finden könnten.

Linke Seite: Garten-Hortensien haben allgemein einen hohen Wasserbedarf und wachsen in dauerfeuchten Böden zu üppiger Größe heran.

Unten: In beschatteten Lagen mit feuchten Böden, zum Beispiel am schattigen Gewässerrand, gedeihen bestimmte Farn-Arten oder diverse Primeln ausgezeichnet.

Eine Auswahl nässeverträglicher Gehölze und Stauden

Deutscher Name	Botanischer Name	Eigenschaften
1. Gehölze		
Felsenbirne	*Amelanchier lamarckii*	Bl.: Weiß, April, H.: 400–500 cm, so–hs Allgemein anspruchslos
Scheineller	*Clethra alnifolia*	Bl.: Weiß, Juli–September, H.: 200–300 cm, so–sch Auch rosablühende Sorte erhältlich, schöner Sommerblüher
Hartriegel	*Cornus alba, C. sanguinea*	Bl.: Weiß, Mai, H.: 200–300 cm, so–hs Anspruchslos, Rindenfarbe!
Hortensie	*Hydrangea* in Arten und Sorten	Bl.: Nach Sorte, weiß, rosa, blau, Juli–Oktober H.: Sortenabhängig, so–sch
Heckenkirsche	*Lonicera coerulea. L. tatarica*	Bl.: Nach Art und Sorte, April–Mai–Juni H.: 200–300 cm, so–hs. Anspruchslos
Alpen-Johannisbeere	*Ribes alpinum* 'Schmidt'	Bl.: Gelblichgrün, April–Mai, H.: 100–200 cm, so–sch. Allgemein anspruchslos
Schwarzer Holunder	*Sambucus nigra*	Bl.: Weiß, Mai–Juni, H.: 400–500 cm, so–hs Anspruchslos, Früchte!
Wasser-Schneeball	*Viburnum opulus*	Bl.: Weiß, Mai, H.: 200–400 cm, so–hs Schöne Früchte, auch eine gefüllt blühende Sorte erhältlich

Deutscher Name	Botanischer Name	Eigenschaften
2. Stauden		-b = mit Beetstaudencharakter
Prachtspiere	*Astilbe × arendsii*	Bl.: Sortenabh., Juli–August H.: Sortenabh., G, GR,2–3–b, abs–hs
Tafelblatt	*Astilboides tabularis*	Bl.: Cremeweiß, Juni–Juli H.: 70–100 cm, G, GR3,WR4, hs–sch
Wiesen-Schaumkraut	*Cardamine pratensis*	Bl.: Zartviolett, April–Mai H.: 30–50 cm, GR3,WR4, so–hs
Sumpf-Wolfsmilch	*Euphorbia palustris*	Bl.: Gelb, April–Mai H.: 80–120 cm, WR4, so–hs
Rosa Spierstaude	*Filipendula rubra* 'Venusta'	Bl.: Rosa, Juli–August H.:100–150 cm, GR3,WR4, so–hs
Sumpf-Mädesüß	*Filipendula ulmaria*	Bl.: Weiß, Juni–August H.: 60–120 cm, WR4, so–hs
Bach-Nelkenwurz	*Geum rivale*	Bl.: Aprikotrosa, Mai–Juni H.: 30 cm, GR1–2, so–hs
Wiesen-Taglilie	*Hemerocallis lilioasphodelus*	Bl.: Hellgelb, Mai–Juni H.: 70–80 cm, GR2,WR4, so–hs
Blut-Weiderich	*Lythrum salicaria*	Bl.: Purpurrosa, Juli–September H.: 100–120 cm, WR4, so–hs
Königsfarn	*Osmunda regalis*	Bl.: – H.: 120–150 cm, G, GR3,WR4, so–sch
Etagen-Primel	*Primula-Bullesiana*-Hybriden	Bl.: Gelb, Orange, Rot, Juni–August H.: 30–60 cm, GR2–3,WR4 abs–hs
Tibet-Primel	*Primula florindae*	Bl.: Zitronengelb, Juni–August H.: 70 cm, GR2–3,WR4 so–hs

WR4 = Wasserrandzone mit feuchtem bis nassem, periodisch abtrocknendem Boden

Linke Seite, links: Eine prächtige, dauerfeuchten Boden und Halbschatten vertragende Teichrandpflanzung mit Primeln, Kerzen-Knöterich und Purpur-Greiskraut.

Linke Seite, rechts: Unser heimischer Blut-Weiderich *(Lythrum salicaria)* freut sich über feuchte bis nasse Böden und gedeiht auch im Halbschatten noch gut.

Stark durchwurzelte Böden unter Gehölzen

Bei alteingewachsenen Gehölzen, besonders, wenn es sich bei diesen um Flach- oder Herzwurzler handelt, fällt es meist recht schwer, in deren Wurzelbereich kleinere Pflanzen wie Stauden anzusiedeln. Häufig liegen zähe Wurzeln dicht an dicht unter der Bodenoberfläche, so dass man nicht einmal eine richtige Stelle findet, an der man mit der Pflanzschaufel in den Boden gelangen kann. Auch kräftigere Werkzeuge wie der Spaten helfen oft nicht. Aber selbst wenn es gelingt, für die vorgesehenen Pflanzen einen Platz in der Erde zu finden, ist es für diese in der Regel nicht leicht, dem Wurzeldruck der größeren Gehölze standzuhalten und problemlos einzuwachsen. Für Gärtner und Pflanzen wird es leichter, wenn man im Wurzelbereich der Gehölze eine dünne Substrat(=Erd)schicht aufbringt, in der man Stauden oder Kleingehölze leichter pflanzen kann. Wichtig ist, dass die Dicke des neu aufgebrachten Substrates höchstens 20 Zentimeter beträgt. Gerade flachwurzelnde Gehölze können auf Einschüttungen äußerst empfindlich reagieren. Bei Schichtdicken über 20 Zentimeter kann es zu Luftmangel und Fäulnis im Wurzelsystem der Bäume kommen. Wichtig ist auch, die Rinde der Gehölze dort, wo Wurzeln in den Stamm übergehen (dem sogenannten Anlauf), vor direktem Kontakt mit der Pflanzerde zu schützen. Dies kann beispielsweise durch ein Polyestervlies (luftdurchlässig, wasserdurchlässig, keine Plastikfolie!) erfolgen. Das ist deshalb wichtig, weil es bei direktem Aufliegen des Substrates auf der Baumrinde durch die beim Abbau organischer Substanzen entstehende Wärme zu Rindenschäden kommen kann. Da die Dicke der Substratschicht begrenzt ist, sollte man zudem darauf achten, flachwurzelnde Stauden oder Bodendecker wie Waldsteinie, Schaumblüte, Elfenblume oder Kleines Immergrün vorzugsweise mit kleinem Wurzelballen (Topfgröße 8×8 oder 9×9) zu verwenden.

Links: Wenn man Pflanzungen im Bereich alteingewachsener, größerer Gehölzbestände plant, kann man es unter Umständen mit stark durchwurzelten Bereichen zu tun bekommen.

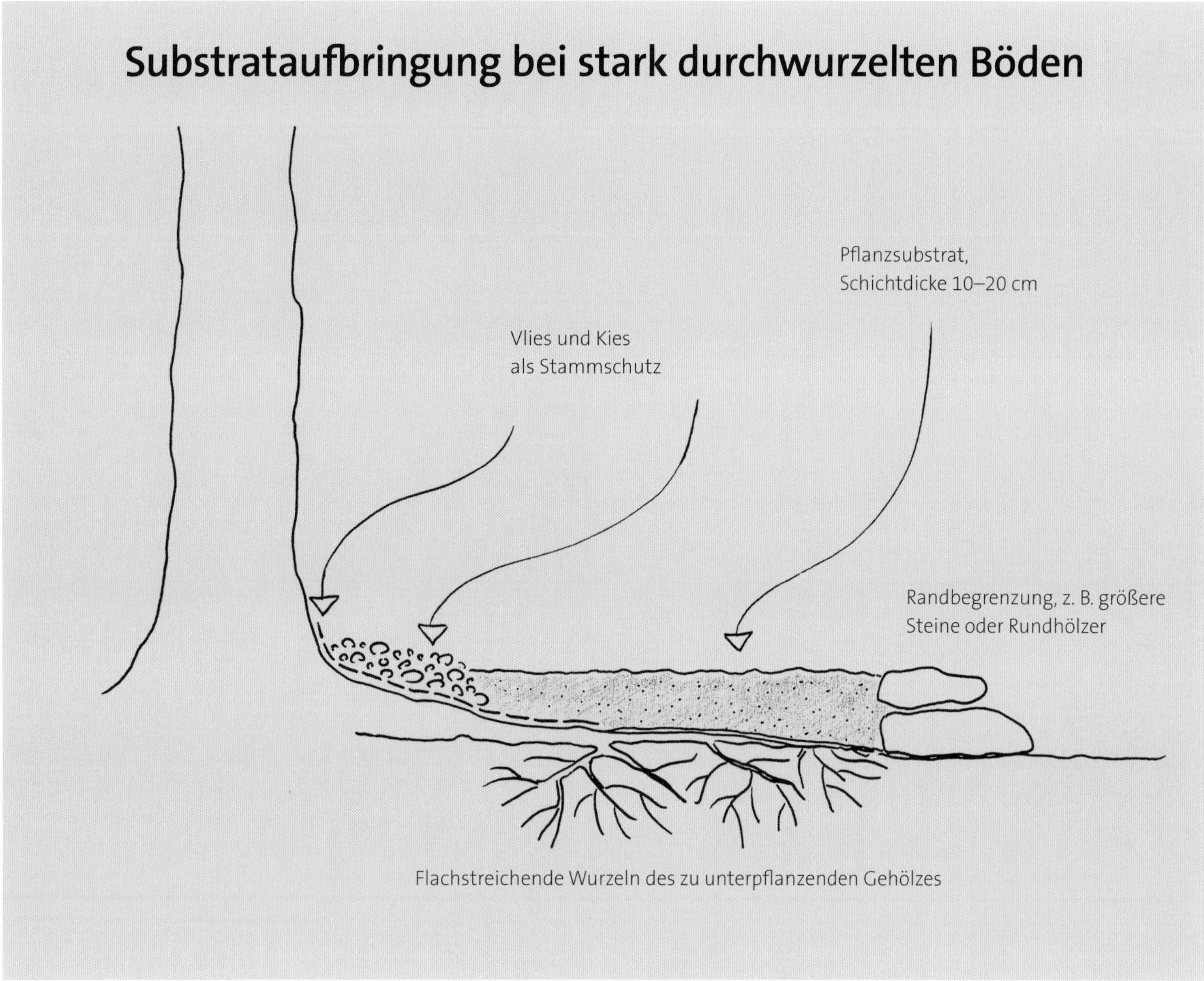

Intolerante Gehölze

Eine ganze Reihe von Bäumen und Sträuchern sind schwierig zu unterpflanzen. Das kann verschiedene Ursachen haben: In vielen Fällen sind es Flachwurzler oder Herzwurzler mit einem hohen Anteil an Feinwurzeln in den oberen Bodenschichten. Die den Oberboden intensiv und häufig sogar aggressiv durchziehenden Wurzeln lassen für kleinere Pflanzen kaum Wasser oder Nährstoffe übrig. Ein Beispiel hierfür ist unsere heimische Rot-Buche: Sie ist unter allen heimischen Bäumen derjenige, der den Boden mit weitstreichenden, verwachsenen Seitenwurzeln am intensivsten durchwurzelt. Das Wurzelsystem ist so aggressiv, dass sogar der eigene Jungwuchs unterdrückt werden kann. Auch andere Gehölze und krautige Pflanzen haben im Unterwuchs von Buchen kein leichtes Spiel. Aus dieser Eigenschaft resultieren in der Natur nicht selten sogenannte Buchenhallenwälder, in denen eine Strauch- oder Krautschicht völlig fehlt. Andere Gehölze praktizieren eine noch raffiniertere Methode der Konkurrenzausschaltung: Sie reichern den Boden mit Stoffen an, die auf andere Pflanzen toxisch wirken, der Fachausdruck dafür lautet Allelopathie. Beispiele hierfür sind das sehr gerbstoffhaltige

Laub der Walnuss *(Juglans regia)*, das anderen Pflanzen das Leben schwer macht, die Fruchtschalen der Kastanie *(Aesculus hippocastanum)*, die den phytotoxischen Stoff Aesculin enthalten, der sich nach dem Herabfallen der Früchte im Boden anreichert und Unterwuchs behindert, oder die Scheinakazie *(Robinia pseudoacacia)*, bei der von den Wurzeln produzierte giftige Stickstoffverbindungen eine Unterpflanzung ebenfalls schwierig machen. Zusätzlich zu Allelopathie oder aggressivem Wurzelsystem trägt bei manchen Großbäumen wie Buchen oder Kastanien noch die starke Beschattung des Bodens zur schwierigen Unterpflanzbarkeit bei.

Schwierige Gehölzarten mit anspruchsvollen Stauden- oder Gehölzarten unterpflanzen zu wollen, zum Beispiel Rhododendren unter Fichten anzusiedeln, wird in der Regel zum Scheitern verurteilt sein. Viel aussichtsreicher dagegen ist es, mit robusten, unter Umständen auch trockenheitsverträglichen Gehölzen, Gehölzbodendeckern und Stauden (zum Beispiel aus den Listen »Robuste Gehölze und Stauden« oder »Trockenheitsverträgliche Gehölze und Stauden«) einen Versuch zu wagen.

Eine Auswahl gut zu unterpflanzender Bäume und Sträucher

Deutscher Name	Botanischer Name
Felsenbirne	*Amelanchier lamarckii*
Haselnuss	*Corylus avellana*
Apfeldorn, Scharlach-Weißdorn, Pflaumenblättriger Weißdorn	*Crataegus × lavallei* 'Carrierei', *Crataegus coccinea*, *Crataegus × prunifolia*
Zier-Apfel	*Malus*-Hybriden in verschiedenen Sorten, z.B. *Malus*-Hybride 'Evereste'
Wald-Kiefer	*Pinus sylvestris*
Zier-Kirsche	*Prunus* in Arten und Sorten, z.B. Säulen-Kirsche *Prunus serrulata* 'Amanogawa'
Mehlbeere	*Sorbus aria*

Oben: Bei der Rosskastanie *(Aesculus hippocastanum)* handelt es sich um einen schwierig zu unterpflanzenden Baum.

Rechte Seite, links: Auch unter einer Trauer-Birke *(Betula pendula* 'Youngii') ist eine gut gedeihende Unterpflanzung nicht einfach zu gestalten.

Rechte Seite, rechts: Unter Zier-Kirschen dagegen lassen sich vielfältige Pflanzungen relativ einfach bewerkstelligen.

Eine Auswahl schwierig zu unterpflanzender Bäume und Sträucher

Deutscher Name	Botanischer Name	Eigenschaften
Spitz-Ahorn	*Acer platanoides*	Intensives Feinwurzelwerk im Oberboden
Berg-Ahorn	*Acer pseudoplatanus*	Oberboden wird intensiv durchwurzelt
Rosskastanie	*Aesculus hippocastanum*	Fruchtschalen enthalten phytotoxisches Aesculin; intensiv durchwurzelter Oberboden; starker Schattenwurf
Hänge-Birke	*Betula pendula*	Intensiv durchwurzelter Oberboden
Buchsbaum	*Buxus sempervirens*	Hoher Anteil an Feinwurzeln im Oberboden
Rot-Buche	*Fagus sylvatica*	Aggressives, intolerantes Wurzelsystem
Walnuss	*Juglans regia*	Gerbstoffhaltiges Laub; hoher Feinwurzelanteil im Oberboden; starker Schattenwurf
Gewöhnlicher Liguster	*Ligustrum vulgare*	Hoher Anteil an Feinwurzeln im Oberboden
Fichte	*Picea abies*	Flaches, dicht verzweigtes Wurzelsystem
Scheinakazie	*Robinia pseudoacacia*	Flachstreichendes, intensives Wurzelsystem; Bildung von für andere Pflanzen giftigen Stickstoffverbindungen im Boden
Garten-Flieder	*Syringa vulgaris*	Hoher Anteil von Feinwurzeln im Oberboden

Wichtige Schattenpflanzen für Ihren Garten

In diesem Register finden Sie eine Aufstellung wichtiger Gehölze, Kletterpflanzen, Gehölzbodendecker und nicht zuletzt Stauden, Gräser und Farne, die sich für eine Verwendung in halbschattigen bis schattigen Lagen eignen. Neben weithin bekannten Klassikern wie Buchsbaum, Efeu, Hortensien oder Farnen findet sich hier aber auch die eine oder andere nicht jedem geläufige Schattenpflanze wie Chinesischer Blumen-Hartriegel, Oster-Schneeball, Japan-Waldgras oder Purpur-Greiskraut. Mit den Kurzinformationen zu Standortansprüchen und Besonderheiten der jeweiligen Pflanzen wird es einfacher, sie den Ansprüchen an ihren Standort entsprechend zu verwenden und durch kreative Kombinationen die schönsten Gartenbilder entstehen zu lassen.

Fächer-Ahorn *Acer palmatum*

Der aus Japan und Korea stammende Großstrauch oder Kleinbaum ist in zahlreichen Sorten, entweder grün- oder rotlaubig, im Handel. Zusätzlich gibt es die Schlitz-Ahorne, deren gelappte Laubblätter zusätzlich tief geschlitzt sind. Alle wachsen langsam, Schlitz-Ahorne in der Regel noch etwas langsamer als Fächer-Ahorne. Für kühle, luft- und bodenfeuchte Lagen im Halbschatten und locker-humose Böden. Sommertrockenheit wird schlecht vertragen.

Bl.: Purpurne Trauben, Mai, eher unscheinbar
H.: 2–5(–7) m, sortenabhängig, so–hs
Sommergrün, prachtvolle Herbstfärbung

Pfeifenwinde (K) *Aristolochia macrophylla*

Aus Nordamerika stammender, starkwachsender Schlingstrauch. Die auffallend großen, herzförmigen Blätter wirken exotisch und sind von geradezu tropischer Üppigkeit. Die ungewöhnlichen, pfeifenförmigen Blüten erscheinen von Juni bis August. Durch den starken Wuchs eignet sich die Pfeifenwinde für die Begrünung von hohen Wänden, von Gartenlauben oder Pergolen. Genügend feuchte, nahrhafte, auch lehmige Böden sind ideal, Trockenheit wird nicht vertragen.

Bl.: Außen gelbgrün, innen purpurbraun, Juni–August
H.: Bis 10 m hoch, hs–sch
Die Pflanze ist in allen Teilen giftig!

Gewöhnlicher Buchsbaum *Buxus sempervirens*

Europäischer, auch in Deutschland in Weinbaulagen (Moseltal, Südbaden) vorkommender, dichtbuschiger Strauch, ungeschnitten manchmal auch kleiner Baum. Sehr schnittverträglich und das Formschnittgehölz schlechthin. Seit einigen Jahren treten verstärkt Probleme mit Buchsbaumpilz *(Cylindrocladium buxicola)* auf. Bei Verlusten durch diesen Pilz keinen Buchs mehr pflanzen, sondern stattdessen z. B. auf die Japanische Hülse *(Ilex crenata)* ausweichen.

Bl.: Gelbgrün, unscheinbar, März–April
H.: Abhängig vom Schnitt, ungeschnitten 2–4 m, so–sch
Immergrün, schnittverträglich, in allen Teilen giftig

Alpen-Waldrebe (K) *Clematis alpina*

Heimische, frühblühende Waldrebe von moderater Höhe. Die glockenförmigen, nickenden Blüten sitzen an langen Stielen und sind von violettblauer, seltener auch weißer Farbe. Ohne geeignete Kletterhilfe liegen die Pflanzen einfach auf dem Boden auf und können zum Beispiel größere Steine oder Baumstümpfe charmant überwachsen. Neben der Wildart sind sehr schöne und großblumige Sorten wie 'Frances Rivis' oder 'Ruby' im Handel erhältlich.

Bl.: Violettblau, selten weiß, Mai–Juni
H.: 2–3 m, so–hs
Sonniger Standort nur in kühlen, luftfeuchten Lagen

Anemonen-Waldrebe (K) *Clematis montana*

Starkwüchsige und hoch kletternde Waldrebe, die in verschiedenen schönen Sorten mit Blüten von Weiß über Zartrosa bis Lilarosa im Handel erhältlich ist. Für gleichmäßig feuchte, kühle Böden. Der Wurzelbereich sollte, wie bei vielen Clematis, durch Bepflanzung oder Mulchen kühl gehalten werden. Die anemonenähnlichen Blüten erscheinen in großer Fülle am mehrjährigen Holz. Ein Rückschnitt sollte, falls erforderlich, nur unmittelbar nach der Blüte erfolgen.

Bl.: Sortenabhängig, weiß bis rosa, Mai
H.: Sorten- und klimaabhängig, 6–8 (–10) m, so–hs
Prächtig blühender Kletterstrauch, manche Sorten duften

Chinesischer Blumen-Hartriegel *Cornus kousa* var. *chinensis*

Aus China stammender Großstrauch mit etagenartig angeordneten Zweigen. Die eigentlichen Blüten sind unscheinbare, grünlichgelbe Köpfchen, die aber von vier auffallenden, großen weißen Hochblättern umgeben sind, die oft fälschlich als Blüten angesehen werden. Im Herbst erscheinen rote Früchte, die wie große gestielte Himbeeren aussehen. Auffallende, rote bis purpurbraune Herbstfärbung. Für kühle, nicht zu trockene Lagen und locker-humose Böden.

Bl.: Grünlichweiß bis Weiß, Mai/Juni
H.: 5–7 m, so–hs
Sommergrüner, auffallender Blütenstrauch für Einzelstellung

Kriechspindel (B + K) *Euonymus fortunei* 'Emerald'n Gold'

Immergrüner Zwergstrauch, der entweder kriechend wächst und als Bodendecker verwendet werden kann oder aber mit Haftwurzeln an Hauswänden oder Mauern klettert. Bei dieser Sorte sind die Blätter golden gerandet, im Winter rosa überlaufen. Es sind auch weißgrüne ('Emerald Gaiety', 'Gracilis') und grüne ('Coloratus', 'Minimus') Sorten im Handel erhältlich. Die orangeroten, allerdings selten erscheinenden Früchte sind giftig. Verträgt Wurzeldruck.

Bl.: Unscheinbar, grünlichgelb, Juni/Juli
H.: 0,3–3 (–5) m, abhängig von der Verwendung, so–sch
Gut frosthart, wenig anspruchsvoll

Gewöhnlicher Efeu *Hedera helix*

In Europa heimischer, immergrüner, stark wachsender Kriech- oder Kletterstrauch. Als Bodendecker oder zur Begrünung hoher Wände oder Baumstämme. Efeu wächst negativ phototropisch, d. h. stets vom Licht weg. Durch diese Eigenschaft kann er durch Einwachsen in Mauerfugen, Rollladenkästen, Lüftungsschächte o. ä. Schäden an Gebäuden verursachen. Relativ anspruchslos an den Boden; einer der wenigen echten Herbstblüher. In allen Teilen giftig.

Bl.: Grüngelb, September/Oktober
H.: 0,2–20 m, abhängig von der Verwendung, abs–sch
Wichtiges Insektennährgehölz, dekorativer Fruchtschmuck

Kletter-Hortensie (K) *Hydrangea anomala* subsp. *petiolaris*

Aus Japan und Korea stammender, dicktriebiger Kletterstrauch , der mit Hilfe von Haftwurzeln Bäume und Mauern erklimmt. Sommergrünes, hellgrün glänzendes, attraktives Laub und auffallende weiße Blütenrispen. Für kühl-feuchte Lagen und locker-humose Böden, verträgt Wurzeldruck. Gut für nord- oder ostseitig gelegene Eingangsbereiche, Treppenwangen oder Mauern geeignet. Kann auch als freistehender Strauch gezogen werden. Gelbe Herbstfärbung.

Bl.: Weiß, Juni
H.: 1,5 m (freistehend)–10 (–15) m, so–sch
Äußerst dekorativer Blütenstrauch , verträgt tiefen Schatten

(B = Bodendecker, K = Klettergehölz)

Rispen-Hortensie *Hydrangea paniculata*

Aus Japan und China stammende Hortensie, von der es mittlerweile zahlreiche prächtige Sorten gibt. Die kegelförmigen, je nach Sorte nur aus sterilen oder sterilen und fertilen Einzelblüten bestehenden Rispen sind von weißer, gelbweißer oder grünlichweißer Farbe, die im Verblühen häufig in Rosa übergeht. Neben hoch bewerteten Klassikern wie 'Limelight' (grünlichweiß) oder 'Pinky Winky' (weiß-rosa) gibt es z.B. auch kompakte Sorten wie 'Bobo'.

Bl.: Nach Sorte weiß, grünweiß, cremeweiß, weißrosa, Juli–September
H.: 1–3 m, sortenabhängig, so–hs
Pflanzen blühen am diesjährigen Trieb und sind völlig frosthart

Garten-Hortensie *Hydrangea macrophylla , H. serrata*

Gartenformen mit ball- oder tellerförmigen Blüten, die je nach Sorte weiß, rosa oder blau gefärbt sein können. Mit Ausnahme der weißen Sorten hängt die Ausfärbung der Blüten meist vom pH-Wert des Bodens ab: Je saurer, desto blauer die Blüten. Ab einem pH-Wert von 6,9 werden die Blüten reinrosa. Viele Sorten sind für raues Klima ungeeignet: Die mehrjährigen Triebe, die die Blüten hervorbringen, erfrieren in kalten Wintern regelmäßig.

Bl.: Nach Sorte weiß, rosa, rot oder blau, Juni/Juli–September/Oktober
H.: Sortenabhängig 1–1,5 m, abs–hs
Bei ungeeignetem Klima auf andere Hortensien-Arten ausweichen!

Stechpalme *Ilex aquifolium*

Immergrüner, in Europa heimischer Großstrauch oder Kleinbaum mit dornig gezähnten, ledrig glänzenden Blättern. Die Pflanzen sind zweihäusig, d. h. es gibt rein männliche und rein weibliche Pflanzen. Nur die weiblichen tragen die begehrten roten Früchte. Zahlreiche Sorten, auch solche mit weißbuntem oder gelbbuntem Laub, sind im Handel erhältlich. Die Sorte 'J.C. van Tol' stellt eine Ausnahme dar, sie ist einhäusig und ein Fruchtansatz somit sicher.

Bl.: Weiß, unscheinbar, Mai
H.: 3–6 m, abs–sch
Dekorativer (Weihnachts)fruchtschmuck, Früchte sind giftig!

Gewöhnlicher Liguster *Ligustrum vulgare*

In Europa und Nordafrika heimischer, sommer- oder wintergrüner Strauch. Durch seine relative Anspruchslosigkeit und gute Schnittverträglichkeit eines der besten Heckengehölze. Auch zur Unterpflanzung größerer Sträucher und Bäume gut geeignet. Die Sorte 'Atrovirens' ist wintergrün, die Sorte 'Lodense' eine kompakte Zwergform. Die rahmweißen Blüten duften, die schwarzen, erbsengroßen, glänzenden Früchte sind schwach giftig.

Bl.: Cremeweiß, Juni/Juli
H.: Ungeschnitten 2–5 m, so–sch
Insektennährgehölz, aus den Früchten wurde Tinte hergestellt

Echtes Geißblatt (K) *Lonicera caprifolium*

In Mitteleuropa heimischer, sommergrüner Schlingstrauch mit gelblichweißen, oft außen rötlich überhauchten Blüten, die in den Abendstunden einen intensiven Duft verströmen. Bestäubung durch Nachtfalter. Orangerote Früchte. Für nicht zu heiße Lagen bei stets gleichmäßiger Bodenfeuchte und kühlem Wurzelbereich. Der Standort sollte sonnig bis halbschattig sein. Bei zu schattigem Standort werden hauptsächlich Blätter und kaum Blüten gebildet.

Bl.: Innen gelblichweiß, außen rötlich, Mai–Juni
H.: 3–6 m, so–hs
Fantastischer Duftstrauch für Sitzplätze, Lauben oder Pergolen

Gold-Geißblatt (K) *Lonicera × tellmanniana*

Züchtung mit auffallenden, leuchten goldorangen Blüten und sommergrünem Laub. Im Gegensatz zu *Lonicera caprifolium* duftlos. Kräftig und vital im Wuchs. Schön zur Begrünung von Hauswänden, Pergolen, Lauben und Sitzplätzen. Benötigt wie *L. caprifolium* eine Rankhilfe. Für geschützte, nicht zu heiße, luft- und bodenfeuchte Standorte bei stets kühlem, nie austrocknendem Wurzelbereich (mulchen oder z. B. mit kleineren Stauden unterpflanzen).

Bl.: Goldorange, Mai–Juni
H.: 4–6 m, so–abs
Insgesamt nicht sehr anspruchsvoll, prächtig leuchtende Blüten

Gewöhnliche Mahonie *Mahonia aquifolium*

Aus Nordamerika stammender, immergrüner, zu wenig verwendeter Kleinstrauch. Die eindrucksvollen, im Frühjahr erscheinenden goldgelben Blüten werden gern von Bienen besucht. Das im Austrieb kupferfarbene Laub kann in sehr strengen Wintern abgeworfen werden, die Pflanzen treiben im Frühjahr aber wieder gut durch. Die blau bereiften Früchte sind genießbar und können zu Kompott oder Marmelade verarbeitet werden. Verträgt Schatten und Wurzeldruck.

Bl.: Leuchtend gelb, April–Mai
H.: Bis 1 m, so–sch
Auch niedrigere Bodendecker-Sorten wie 'Apollo' im Handel

Schattengrün (B) *Pachysandra terminalis*

Aus Asien stammender, immergrüner, sich über Ausläufer ausbreitender Halbstrauch, der mit der Zeit dichte Teppiche bildet. Im Frühjahr erscheinen weiße, ährenförmige, eher unscheinbare Blüten. Gut zur Unterpflanzung von Gehölzen geeignet, verträgt Wurzeldruck und tiefen Schatten. Für locker-humose, nicht zu trockene Böden. Für prallsonnige Standorte ungeeignet, bei zu viel Licht färbt sich das Laub häufig unerfreulich gelb.

Bl.: Cremeweiß, Mai
H.: 0,2–0,3 m, hs–sch
Relativ pflegeleichter, Unkraut unterdrückender Bodendecker

Lorbeer-Kirsche *Prunus laurocerasus*

Ein Klassiker unter den Immergrünen, oft fälschlich als Kirschlorbeer bezeichnet. Im Handel sind zahlreiche, in Wuchs und Laubform, aber auch in Bezug auf die Winterhärte sehr unterschiedliche Sorten erhältlich. Die schmalblättrigen Sorten vom Balkan sind in der Regel robuster und winterhärter. Lediglich ausreichend frostharte Sorten wir 'Herbergii', 'Rotundifolia' oder 'Schipkaensis Macrophylla' besser nur in wintermilden Gebieten verwenden.

Bl.: Weiße, aufrechte Trauben, Mai
H.: Sortenabhängig, 0,5–4 m, so–sch
Schatten- und wurzeldruckverträglich, schnittverträglich

Rhododendron immergrün *Rhododendron*-Hybriden

Großblumige Gartensorten von sortenabhängig unterschiedlicher Robustheit, alle aber mit relativ hohen Ansprüchen an Boden und Standort, die für eine erfolgreiche Pflanzung unbedingt zu erfüllen sind (siehe Kapitel »Spezialfall Rhododendren (und andere Pflanzen für saure Böden)«). Robuste und winterharte Sorten sind zum Beispiel 'Cunningham's White', 'Catawbiense Grandiflorum', 'Roseum Elegans' sowie die Gruppe der *Yakushimanum*-Hybriden.

Bl.: Sortenabhängig, Mai–Juni
H.: Sortenabhängig, 1–3(–4) m, abs–hs
Schutz vor Wintersonne und austrocknenden Winden (auch im Sommer!)

Rhododendron sommergrün *Azalea*-Hybriden

Allgemein als Azaleen bekannt, gehören diese sommergrünen Sträucher botanisch zur Gattung Rhododendron. Robuster als die immergrünen Rhododendren und in zahlreichen farbprächtigen und großblumigen Sorten im Handel. Für absonnige, lichtschattige oder halbschattige Standorte vor oder zwischen größeren Gehölzen und locker-humose, frische, eher saure Böden. Im Herbst erfreut bei vielen Sorten eine leuchtend gelb-orange-rote Herbstfärbung.

Bl.: Sortenabhängig, Mai
H.: Sortenabhängig, 1,5–2,5 m, abs–hs
Robust mit gelben, duftenden Blüten: *Rhododendron luteum*

Japanische Frucht-Skimmie *Skimmia japonica*

Aus Japan stammender, immergrüner Kleinstrauch mit duftenden weißen Blüten und spektakulären roten Früchten. Diese bleiben den ganzen Winter über am Strauch und sind eine große Zierde. Für lockere, humose und feuchte Böden in absonnigen bis schattigen Lagen. Schön in Kombination mit herbstblühenden Stauden wie Herbst-Anemonen (*Anemone*-Japonica-Hybriden), Kerzen-Knöterich *(Bistorta amplexicaulis)* oder Lilientraube *(Liriope muscari)*.

Bl.: Weiß, Mai
H.: 0,6–1,5 m, abs–sch
Vertragen tiefsten Schatten, Pflanzen sind zweihäusig!

Gewöhnliche Eibe *Taxus baccata*

In Europa heimischer, vorzüglich schnittverträglicher Großstrauch oder Kleinbaum mit immergrüner Benadelung und roten Früchten. Als Formschnittgehölz oder für Schnitthecken. Es sind zahlreiche Kulturformen im Handel erhältlich, die aufgrund ihrer gemäßigten Wuchshöhe ungeschnitten für kleine Gärten besser geeignet sind als die Stammform. Für feuchte, nährstoffreiche Böden in Sonne, Halbschatten oder Vollschatten. Die Pflanzen sind zweihäusig.

Bl.: Gelblich, unscheinbar, März–April
H.: Ungeschnitten 6–12(–15) m, so–hs–sch
Mit Ausnahme des roten Samenbechers sind alle Pflanzenteile giftig!

Oster-Schneeball *Viburnum* × *burkwoodii*

Wintergrüner, äußerst attraktiver Duft- und Blütenstrauch mit ballförmigen weißen Blüten, die sich aus rosa Knospen entfalten. Obwohl das Laub über Winter an der Pflanze bleibt, färbt sich ein Teil der Blätter im Herbst gelb, orange oder weinrot. Für sonnige bis halbschattige Lagen und frische, lockere Gartenböden. Zur Unterpflanzung größerer Gehölze, für Frühlingsgärten, in der Nähe von Sitzplätzen, auch zusammen mit frühjahrsblühenden Stauden.

Bl.: Rosa-weiß, stark duftend, April–Mai
H.: 2–3 m, so–abs–hs
Vor allem in der Jugend etwas frostempfindlich

Japanischer Etagen-Schneeball *Viburnum plicatum* 'Mariesii'

Varietät des Japan-Schneeballs mit cremeweißen Schirmrispen, die von einem Kranz reinweißer, steriler Randblüten umgeben sind. Breiter als hoch werdend, mit ausgeprägt etagenartig angeordneten Zweigen. Sehr schöne, weinrote Herbstfärbung. Für frische bis feuchte, locker-humose Böden und kühle, luftfeuchte Lagen. Zur Einzelstellung, in der Nähe von Wasserbecken, für japanische Gartensituationen, auch in Kombination mit (asiatischen) Stauden.

Bl.: Cremeweiß-weiß, Mai–Juni
H.: 1,5–2 m, deutlich breiter als hoch, so–hs
Auffallender, sehr attraktiver Blütenstrauch

Herbst-Eisenhut *Aconitum × carmichaelii* 'Arendsii'

Gartenform mit blauvioletten Blütentrauben, bestehend aus den typischen helmförmigen Einzelblüten. Das glänzende, ledrige Laub ist fingerförmig geteilt. Die Pflanzen bilden mit der Zeit kräftige Horste. Schön in Kombination mit anderen herbstblühenden Stauden wie Herbst-Anemonen (*Anemone*-Japonica-Hybriden, *A. hupehensis, A. tomentosa*), Silberkerze *(Actaea simplex)* oder Krötenlilien *(Tricyrtis hirta, T. formosana)*. Eisenhut ist sehr giftig!

Bl.: Blauviolett, September–Oktober
H.: 1 m, GR,2, so–abs,-b
Herbst-Eisenhüte sind schneckengefährdet!

Berg-Eisenhut *Aconitum napellus*

Sommerblühender, heimischer Eisenhut mit blauvioletten Blütentrauben. Neben der Art sind zahlreiche prächtige Sorten im Handel, auch mit weißer oder rosa Blütenfarbe. Für kühle Lagen bei ausreichender Bodenfeuchte, dann wird auch Sonne vertragen. Gartensorten sind zum Beispiel 'Bergfürst', 'Blue Valley' (violettblau), 'Album', 'Gletschereis', 'Schneewittchen' (weiß) oder 'Rubellum' (zartrosa). Wird nicht von Schnecken gefressen!

Bl.: Blauviolett, Juli–August
H.: 1,2 m, GR,2–3,abs
Die Pflanzen sind äußerst giftig!

Frauenmantel *Alchemilla mollis*

Robuste Gruppen- oder Flächenstaude mit graugrünen, gelappten Blättern und schleierartigen Blütenrispen. Schön als Füllpflanze oder Bodendecker. Wächst stark und kann durch Selbstaussaat lästig werden. Nach der Blüte kann ein Totalrückschnitt erfolgen, um Samenansatz zu verhindern und die Bildung neuen Laubes zu fördern. Gute farbliche Ergänzung zu weiß oder blau blühenden Stauden. Nicht mit zarten, schwachwachsenden Nachbarn vergesellschaften!

Bl.: Limonengrün, Juni–Juli
H.: 0,3–0,4 m, GR,2–3,so–abs
Allgemein anspruchslos, schneckensicher

Japanische Herbst-Anemone *Anemone*-Japonica-Hybriden

Die Wildart stammt aus China und Japan, durch Züchtung entstanden zahlreiche prächtige Gartensorten mit großen, zum Teil halbgefüllten Blüten in verschiedenen Weiß-, Rosa-, Pink- oder Rottönen. Sie haben Beetstaudencharakter, eignen sich aber auch gut für Pflanzungen vor oder zwischen Gehölzen. Herbst-Anemonen sind wärmebedürftig und, sortenabhängig, nicht selten etwas frostempfindlich. Frühjahrspflanzung ist daher der Herbstpflanzung vorzuziehen.

Bl.: Sortenabhängig weiß, rosa oder rot, August–Oktober
H.: Sortenabhängig, 0,4–1 m, GR,2,hs,-b
Traumhafte Blütenschönheiten zum Ausklang des Gartenjahres

Buschwindröschen (Z) *Anemone nemorosa*

Heimische Frühlingsanemone, die im Bereich lichter Laubwälder und nicht zu trockener Wiesen vorkommt. Reizender Frühlingsblüher, der sich schön mit anderen Frühlingsblühern wie zum Beispiel Schlüsselblume oder Frühlings-Gedenkemein vergesellschaften lässt. Bildet durch Rhizome lockere Kolonien und breitet sich erfreulich aus. Im Handel sind auch Gartenformen, z. B. mit gefüllten ('Alba Plena') oder zartblauen ('Robinsoniana') Blüten erhältlich.

Bl.: Weiß, März–Mai
H.: 0,15 m, G,2,hs, GR,2,hs
Die Pflanzen ziehen nach der Blüte vollständig ein

Gewöhnliche Akelei *Aquilegia vulgaris*

Bekannte frühlingsblühende Staude für naturnahe Pflanzungen, Cottage- und Bauerngärten. Die Blüten sind in der Ursprungsform violettblau, die Art ist aber variabel und sät sich, wenn man sie lässt, gerne recht stark aus. Dabei können Pflanzen mit weißen oder rosa, manchmal sogar mit gefüllten Blüten entstehen. Auch Gartensorten mit besonders großen, gefüllten oder auffallend gefärbten Blüten wie 'William Guiness' sind im Handel erhältlich.

Bl.: Violettblau, Abweichungen möglich, Mai–Juni
H.: 0,6–0,7 m, GR,1–2,so–hs
Wie viele andere Hahnenfußgewächse giftig, schneckensicher!

Hoher Wald-Geißbart *Aruncus dioicus*

Stattliche, heimische Waldstaude mit cremeweißen Blütenrispen und aufrechtem, dichtbuschigem Wuchs. Die Pflanzen sind zweihäusig, männliche Pflanzen haben die schöneren, weißeren Blüten, während die weiblichen eher gelblich sind. Robust und anpassungsfähig, völlig schneckensicher. Schön in Kombination mit anderen Waldpflanzen wie Wald-Glockenblume, Sterndolde oder schattenverträglichem Storchschnabel. Verträgt tiefen Schatten.

Bl.: Cremweiß-Weiß, Juni–Juli
H.: 1,5–1,8 m, GR,2,hs–sch, G,2,hs–sch
Neigt zu Selbstaussaat, unbedingt kontrollieren!

Prachtspiere, Astilbe *Astilbe × arendsii*

Auffallende Gartenstauden mit weißen, rosafarbenen, roten oder purpurnen, federbuschartigen Blütenrispen. Die Elternarten dieser Zuchtformen stammen ursprünglich aus Asien. Für kühle Lagen und ausreichend feuchte, niemals austrocknende, nährstoffreiche Böden. Schön zu anderen aus Asien stammenden Stauden wie Funkien oder Gräsern. Es gibt frühe (ab Juni), mittlere (ab Anfang Juli) und spätblühende Sorten (Ende Juli–Anfang August).

Bl.: Nach Sorte weiß, rosa, rot oder violett, Juni–August
H.: Nach Sorte, 0,6–1 m, GR,2–3,abs,–b, G,2–3,hs,-b
Absolut schneckensicher!

Garten-Regenbogenfarn (F) *Athyrium niponicum* 'Metallicum'

Aus Japan und Ostasien stammender, farblich ungewöhnlicher, sommergrüner Farn. Die Wedel sind über der grünen Grundfarbe interessant silbrig und purpurbraun überlaufen. Die Pflanzen sind von moderater Höhe, dabei breiter als hoch. Gut für spannende Farbkombinationen, zum Beispiel mit Laubschmuckpflanzen wie Schlangenbart *(Ophiopogon planiscapus* 'Niger') oder silberlaubigem Lungenkraut *(Pulmonaria saccharata* 'Majesté') oder mit weißen Blüten.

Bl.: Keine, Farne sind Sporenpflanzen
H.: 0,4–0,5 m, G,2,hs–sch, GR,2,abs
Sensationelle Farbwirkung auch ohne Blüten

Bergenie *Bergenia*-Hybriden

Zur Familie der Steinbrechgewächse gehörende Gattung, von der es mittlerweile zahlreiche prächtige Gartensorten gibt. Die zahlreichen, je nach Sorte weiß, rosa, pink, rot oder purpur gefärbten Blütenglöckchen sitzen an oft lebhaft rot überlaufenen Stängeln. Die Pflanzen sind wintergrün, bei vielen Sorten verfärben sich die derben, glänzenden, ledrigen Blätter im Herbst in aufregende Karmin- und Purpurtöne. Robust und absolut schneckensicher.

Bl.: Sortenabhängig weiß, rosa, rot oder purpur, April–Mai
H.: Je nach Sorte, 0,25–0,5 m, GR,2,abs–hs,-b
Schön zu frühjahrsblühenden Gehölzen und Zwiebelpflanzen

Kaukasusvergissmeinnicht *Brunnera macrophylla* 'Jack Frost'

Prächtige Gartensorte des Kaukasusvergissmeinnichts mit herzförmigen, wunderschön silbrig gezeichneten Blättern. Die himmelblauen, im Frühjahr erscheinenden Blütchen sind eine zusätzliche Zierde, so dass diese Sorte Blatt- und Blütenschmuckpflanze gleichermaßen ist. Neben 'Jack Frost' sind zahlreiche weitere Sorten mit silbern, weiß oder cremeweiß gezeichneten Blättern im Handel. Auch weißblühende Sorten wie 'Betty Bowring' sind erhältlich.

Bl.: Blau, April–Mai
H.: 0,4 m, GR,2,so–hs,-b
Relativ schneckensicher, weißblühende Sorten stärker gefährdet!

Wald-Glockenblume *Campanula latifolia* var. *macrantha*

Beeindruckende Glockenblume mit den wohl größten Blütenglocken in tiefem Violett. Nur die Varietät *macrantha* aus dem Kaukasus hat die sehr großen Blüten in kräftiger Farbe, die heimische, reine Art hat kleinere und oft blassere Blüten. Stattlich im Wuchs, im Gegensatz zu anderen Glockenblumen wenig schneckengefährdet. Schön in Kombination mit anderen Waldstauden wie Geißbart *(Aruncus dioicus)* oder Sterndolde *(Astrantia major)*.

Bl.: Violett, Juni–Juli
H.: 1–1,5 m, GR,2,hs,–b, G,2,hs,-b
Mit Beetstaudencharakter, auch zum Schnitt geeignet

Weißrandige Japan-Segge (G) *Carex foliosissima* 'Icedance'

Aus Japan stammende Segge mit hübsch gelblichweiß gerandeten, bogig überhängenden schmalen Blättern. Die Pflanze breitet sich durch kurze Ausläufer aus und bildet so mit der Zeit kleine Kolonien. Für flächige Pflanzungen, zur Unterpflanzung größerer Stauden oder Sträucher. Durch die gelblichen Blattränder entsteht eine interessante, lebhafte Farbwirkung, mit deren Hilfe es möglich ist, dunkle Schattenpartien optisch aufzuhellen.

Bl.: Gelb-braun, April–Juni
H.: 0,3–0,4 m, G,2,hs, GR,2,hs
Wintergrüner, schneckenresistenter Flächendecker

Schneeglanz (Z) *Chionodoxa luciliae*

Aus Kleinasien stammende Zwiebelpflanze, die im Frühjahr mit vielen himmelblauen, weiß geäugten Sternchenblüten aufwartet. Sie eignet sich gut zum Verwildern und bildet durch Brutzwiebeln und Aussaat mit der Zeit ganze Kolonien. Gedeiht gut in lichten Gehölzbeständen oder unter sommergrünen Sträuchern: Im Frühjahr sind diese Bereiche noch ausreichend sonnig, wenn es dort nach Austrieb des Laubes schattig wird, sind die Pflanzen schon eingezogen.

Bl.: Hellblau, März–April
H.: 0,1–0,15 m, GR,1,so–hs
Ideal für das vorauseilende Blühen geeignet

Dunkle September-Silberkerze *Cimicifuga simplex* 'Brunette' (jetzt: *Actaea simplex* 'Brunette')

Dunkellaubige Form der Oktober-Silberkerze mit ausgeprägt schwarzrotem Laub und schlanken, weißen Blütenkerzen. Die hoch wachsenden, aber relativ schmal bleibenden Pflanzen sind Blatt- und Blütenschmuckstauden gleichermaßen. Das dunkle Laub bildet während der gesamten Vegetationsperiode einen schönen Kontrast zu anderen Pflanzen. Passt wunderbar zu anderen Herbstblühern wie Eisenhut, Lilientraube oder Herbst-Anemone. Schwach giftig.

Bl.: Weiß, September–Oktober
H.: 1,5 m, GR,2–3,abs,–b, G,2–3,hs
Elegante Pflanze mit Beetstaudencharakter

Frühlings-Alpenveilchen (Z) *Cyclamen coum*

Vom Balkan und aus Kleinasien stammendes Alpenveilchen, das sich ausgezeichnet unter Laubgehölzen ansiedeln lässt. Ebenfalls ideal für das vorauseilende Blühen geeignet, zieht nach der Blüte vollständig ein. Schön in Kombination mit anderen Zwiebelpflanzen wie Schneeglöckchen *(Galanthus nivalis)* oder Winterling *(Eranthis hyemalis)*. Mit später austreibenden Stauden vergesellschaften, damit keine kahlen Stellen in der Pflanzung entstehen.

Bl.: Rosa, Februar–März
H.: 0,1 m, G,1–2,hs, GR,1–2,abs
Klassischer Frühlingsblüher im Gehölzbereich

Wald-Schmiele (G) *Deschampsia cespitosa*

Horstig wachsendes, relativ hohes Schattengras mit grünem Blattschopf und grazilen Blütenstängeln, an denen im Sommer die schleierartigen Blüten stehen. Der Gesamteindruck ist sehr fein und transparent. Zahlreiche schöne Auslesen wie 'Bronzeschleier', 'Goldschleier' oder 'Goldgehänge' mit unterschiedlich ausgefärbten Blüten- und Fruchtständen , aber auch Blattschmucksorten wie 'Northern Lights' mit weiß gerandetem Laub sind im Handel.

Bl.: Blassgrün, Juni–August
H.: 1 m, GR,2–3,so–abs
Auch zum Schnitt geeignet

Tränendes Herz *Dicentra spectabilis*

Aus Asien stammende, bekannte Staude mit herzförmigen rosa Blüten mit anhängender weißer Träne. Für ausreichend feuchte, humose Böden in kühlen, halbschattigen Lagen. Besonders schön auch die Albinoform 'Alba' mit reinweißen Blüten. Mittlerweile sind interessante Sorten wie die gelblaubige 'Goldheart' oder die rotblühende 'Valentine' im Handel erhältlich. Alle ziehen nach der Blüte ein, deshalb nie im Vordergrund von Beeten verwenden.

Bl.: Rosa mit Weiß, Mai–Juni
H.: 0,8 m, GR,2,so–abs,-b
Sehr gute Schnittblume, Pflanzen sind giftig!

Gewöhnlicher Wurmfarn (F) *Dryopteris filix-mas*

Robuster, wintergrüner heimischer Farn, der eine recht stattliche Größe erreichen kann. Weit verbreitet und wenig anspruchsvoll an den Standort. Über Winter unansehnlich gewordene Wedel sollten im Frühjahr, bevor im Mai der neue Austrieb erfolgt, zurückgeschnitten werden. Schön in Kombination mit anderen Waldstauden wie Wald-Geißbart, Wald-Storchschnabel *(Geranium sylvaticum)* oder Waldmeister *(Galium odoratum)*. Pflanze ist giftig!

Bl.: Keine, Farne sind Sporenpflanzen
H.: 0,8 m, G,2,hs–sch, GR,2,hs–sch
Einige Sorten mit abweichenden Wedelformen im Handel

Garten-Elfenblume *Epimedium × versicolor* 'Sulphureum'

Zur Familie der Berberitzen-Gewächse gehörende wintergrüne Staude. Breitet sich durch Ausläufer aus und bedeckt mit der Zeit ganze Flächen. Einer der besten Bodendecker, durch das dichte Blattwerk wird Unkraut zuverlässig unterdrückt. Absolut schneckenresistent. Bevor im Frühjahr der neue Austrieb erscheint, sollte vertrocknetes, verbräuntes Laub zurückgeschnitten werden. Die Blätter sind besonders im Austrieb attraktiv braun gezeichnet.

Bl.: Hellgelb, April–Mai
H.: 0,2–0,3 m, G,2–3,hs–sch, GR,2–3,hs–sch
Blatt- und Blütenschmuckpflanze gleichermaßen

Winterling (Z) *Eranthis hyemalis*

Ursprünglich aus Südeuropa stammende, in Mitteleuropa aber eingebürgerte Knollenpflanze. Neben Frühlings-Alpenveilchen, Schneeglanz und Schneeglöckchen *(Galanthus nivalis)* ein weiterer Klassiker für das vorauseilende Blühen. Die leuchtend gelben, schalenförmigen Blüten sitzen auf einer Halskrause aus grünen Hochblättern. Die Pflanzen säen sich selbst aus und bilden mit der Zeit ganze Kolonien. Nach der Blüte ziehen sie bald völlig ein.

Bl.: Gelb, Februar–März
H.: 0,05–0,1 m, G,1–2,hs, GR,1–2,so–hs
Gut zur Unterpflanzung sommergrüner Laubgehölze

Sumpf-Wolfsmilch *Euphorbia palustris*

Heimische Wolfsmilch mit strahlend chromgelben Blüten und schmalen Blättern an kräftigen Stängeln. Eigentlich in flachem Wasser oder sumpfigen Bereichen wachsend, ist sie jedoch vielseitig verwendbar und gedeiht auch in normalen Böden mit ausreichender Feuchte. In nicht sumpfigen Böden sind kühle, halbschattige Bereiche für die Pflanzung vorzuziehen. Wie alle Wolfsmilchgewächse giftig, der Milchsaft kann starke allergische Reaktionen hervorrufen.

Bl.: Leuchtend gelbgrün, Mai–Juni
H.: 0,8–1,2 m, GR,2–3,so–hs
Völlig schneckensicher, schöne Herbstfärbung

Schneeglöckchen (Z) *Galanthus nivalis*

Heimische, bekannte Zwiebelpflanze des Vorfrühlings, die im Unterwuchs von Laub- oder Auenwäldern gedeiht, sich durch Aussaat und Brutzwiebeln ausbreitet und so umfangreiche Kolonien bildet. Im Garten gut zur Unterpflanzung größerer Laubgehölze oder Gehölzgruppen. Da sich die Pflanze schon lange in Kultur befindet, gibt es zahlreiche schöne Gartenformen wie 'Flore Pleno' mit gefüllten oder 'Viridiapice' mit grünspitzigen Blüten.

Bl.: Weiß, Februar–April
H.: 0,1–0,15 m, G,2,so–hs, GR,2,so–hs
Wichtige Bienennährpflanze, giftig!

Prächtiger Storchschnabel *Geranium × magnificum*

Auffallender, bekannter Storchschnabel mit außerordentlich großen, tiefvioletten Blüten. Mit Beetstaudencharakter, daher gut für schattige Beete in Kombination mit anderen Beetstauden wie Glockenblumen, Wald-Geißbart oder Astilben geeignet. Wächst horstig und neigt unter Umständen etwas zum Lagern, sät sich aber, da er steril ist, nicht aus. In sonnigeren Lagen zeigt der Prächtige Storchschnabel oft eine schöne rote Herbstfärbung.

Bl.: Violett, Juni–Juli
H.: 0,5–0,6 m, GR,2,so–hs,-b
Einer der schönsten Storchschnäbel, schneckensicher

Garten-Oxford-Storchschnabel *Geranium × oxonianum*

Der Oxford-Storchschnabel ist eine Kreuzung aus zwei Wildarten. Durch Neigung zu Bastardierung sind zahlreiche Sorten mit Blütenfarben von Weiß über Zartrosa bis zu kräftigem Rosarot entstanden. Die Sorten sind insgesamt alle wüchsig und robust und eignen sich sowohl für Pflanzungen mit Beetcharakter als auch zur Unterpflanzung von Gehölzen. Bevorzugt werden sollten gut oder sehr gut bewertete Sorten wie 'Claridge Druce' oder 'Königshof'.

Bl.: Sortenabhängig weiß bis rosarot, Juni–September
H.: 0,4–0,5 m, GR,2,so–abs
Schöne und wüchsige Füllstaude, schneckensicher

Wald-Storchschnabel *Geranium sylvaticum*

Frühblühender, heimischer Storchschnabel, der häufig auf Bergwiesen und montanen Hochstaudenfluren angetroffen werden kann. Reich blühend mit kleinen, violetten Blüten, es gibt aber auch eine Albinoform. Auch schöne Sorten in abweichenden Blütenfarben wie 'Baker's Pink' (rosa), 'Ice Blue' (hellblau) oder 'Prelude' (zartviolett) sind erhältlich. Schneckensicher. Nach der Blüte sollte ein Rückschnitt erfolgen, um Selbstaussaat zu verhindern.

Bl.: Violettblau, Mai–Juni
H.: 0,4–0,5 m, GR,2,hs, G,2,hs
Schön zu Frühlingsblühern wie Sumpf-Wolfsmilch oder Nelkenwurz

Garten-Nelkenwurz *Geum coccineum* 'Werner Arends'

Großblumige und halbgefüllte Züchtung der Orangeroten Nelkenwurz. Über den gelappten, wintergrünen Blättern erscheinen im Mai die leuchtend orangefarbenen Blüten auf grazilen Stängeln. Robuste und wüchsige, schneckensichere, gut bodendeckende Füll- und Flächenstaude. Schön zu anderen Spätfrühlingsblühern wie Wald-Storchschnabel, Wolfsmilch *(Euphorbia palustris, E. griffithii)*, Waldmeister *(Galium odoratum)* oder sommergrünen Azaleen.

Bl.: Orangerot, Mai–Juni
H.: 0,3–0,4 m, GR,2,so–hs,-b
Die orangefarbenen Blüten leuchten im Schatten

STAUDEN, GRÄSER, FARNE, ZWIEBELPFLANZEN

Buntes Garten-Berggras (G) ***Hakonechloa macra*** **'Aureola'**

Spektakuläre, goldgelb gestreifte Sorte des Japanischen Berggrases. Durch die bogig geneigten Blätter entsteht eine insgesamt halbkugelige Form. Die Pflanzen wirken im Alter wie Miniatur-Bambus. Sie bilden kurze Ausläufer und sind im ausgewachsenen Zustand deutlich breiter als hoch. Die leuchtend gelbe Laubfarbe hellt schattige Partien auf und wirkt sehr schön zum Beispiel zu blaulaubigen Funkien oder weißblühenden Prachtspieren.

Bl.: Hellbraun, August–Oktober
H.: 0,4 m, GR,2–3,hs,-b
Anfangs kann Winterschutz von Vorteil sein

Leberblümchen (Z) ***Hepatica nobilis***

Heimische Staude, die im Unterwuchs lichter Laubwälder vorkommt. Im Garten gut zur Unterpflanzung größerer Laubbäume oder Gehölzgruppen. Am Naturstandort können sie zur Blütezeit den Waldboden flächig violettblau färben. Schön zusammen mit kleineren Farnen und Gräsern oder mit anderen Frühlingsblühern wie Schlüsselblume oder Buschwindröschen. Auch verschiedene schöne Gartenformen mit gefüllten oder andersfarbigen Blüten sind im Handel.

Bl.: Violettblau, März–April
H.: 0,1 m, G,2,hs, GR,2,hs
Wichtige Bienenweide, Pflanzen sind giftig!

Garten-Silberglöckchen ***Heuchera villosa*** **'Caramel'**

Diese Sorte ist eine von zahlreichen neuen, die in den letzten Jahren innerhalb der Gattung *Heuchera* entstanden sind. Viele davon besitzen rotbraunes oder schwarzrotes Laub, 'Caramel' dagegen hat im Austrieb lebhaft rotorange Blätter, die sich im Jahresverlauf zu orangegelb wandeln. Die Blattunterseiten dagegen zeigen ein aufregendes Pupurrot, wodurch die Sorte sehr farbenfroh wirkt. Das Laub ist wintergrün, die kleinen Blütenglöckchen sind weiß.

Bl.: Weiß, Juli–August
H.: 0,3 m, GR,2,hs,-b
Blattschmuck mit ganzjähriger Farbwirkung, schneckensicher

Funkie, Hosta *Hosta*-Hybriden in Sorten

Bekannte Blattschmuckstaude mit sortenabhängig grünem, weißbuntem, gelbbuntem oder blaugrünem Laub und lilienartigen, weißen oder violetten Blüten. Auch die Pflanzengröße variiert bei den unterschiedlichen Sorten: Von handtellergroßen Miniatur-Hosta bis zu 1 m^2 bedeckenden veritablen Riesen ist im Sortiment alles vertreten. Recht gut schneckenresistente Sorten sind mittlerweile ebenfalls erhältlich. Hosta sind auch ausgezeichnete Kübelpflanzen.

Bl.: Nach Sorte weiß, fliederfarben, violett, Juni–Oktober
H.: Sortenabhängig 0,15–0,8 m, GR,2,so–hs–sch,-b
Eine der schönsten Blattschmuckpflanzen

Garten-Goldnessel *Lamiastrum galeobdolon* 'Hermann's Pride'

Attraktive Auslese der Garten-Taubnessel mit silbernen, grün geaderten, auffallend spitz zulaufenden Blättern und gelben Nesselblüten. Die Pflanzen breiten sich über Ausläufer aus und bilden so dichte, unkrautunterdrückende Teppiche. Das silbrige Laub und die gelben Blüten leuchten im Schatten und hellen dunkle Partien auf. Die Blätter sind wintergrün. Neben Blatt- und Blütenschmuck und ausgezeichneter Bodendeckung auch gut zum Schnitt.

Bl.: Gelb, Mai–Juni
H.: 0,15 m, G,2,hs, GR,2,hs
Verträglicher, hübscher Bodendecker

Gefleckte Garten-Taubnessel *Lamium maculatum* in Sorten

Die Gefleckte Taubnessel ist in zahlreichen schönen und gartenwürdigen Sorten im Handel erhältlich. Sortenabhängig sind die ansprechenden Nesselblüten weiß, rosa oder purpurrosa. Das Laub ist meist silbrig gezeichnet oder überlaufen, auch gelblaubige Sorten gibt es. Besonders schön z. B. 'Beacon Silver' (purpurrosa, Laub silbrig), 'Golden Anniversary' (rosa, Laub dreifarbig), 'Pink Pewter' (zartrosa, silbrig), 'White Nancy' (weiß, silbrig).

Bl.: Je nach Sorte weiß, rosa, purpurrosa, Mai–Juli
H.: 0,2–0,25 m, G,1–2,hs, GR,1–2,hs–sch
Attraktive Laubteppiche und reizende Blüten

(G = Gras, F = Farn, Z = Zwiebel-/Knollenpflanze)

Märzenbecher, Frühlingsknotenblume (Z) *Leucojum vernum*

Entzückender, heimischer Frühlingsblüher mit nickenden weißen Blüten mit grünen oder gelben Spitzen. Häufig auf feuchten Wiesen oder im Unterwuchs von Laubwäldern oder Gehölzgruppen anzutreffen. Vermehrt sich im Garten nicht selten durch Selbstaussaat und bildet so ganze Bestände. Schön zusammen mit anderen Frühlingsblühern wie Kissen-Primeln, Frühlings-Anemonen *(Anemone blanda, A. apennina)* oder Lerchensporn *(Corydalis solida)*.

Bl.: Weiß, März–April
H.: 0,2–0,3 m, G,2–3,so–hs, GR,2–3,abs
Wichtige Bienenweide, Pflanzen sind giftig!

Purpur-Greiskraut *Ligularia dentata* 'Desdemona'

Prächtige Großstaude mit rundlichen, bronzegrünen und auf der Unterseite purpurrot gefärbten Blättern. Ab Juli erscheinen auffallende, goldgelbe Korbblüten, so dass die Pflanzen Blatt- und Blütenschmuckstauden gleichermaßen sind. Bei ausreichender Bodenfeuchte, z. B. in der Uferzone von Gartenteichen, ist ein vollsonniger Standort möglich. Bei normaler Feuchtigkeit sind halbschattige Plätze besser. Schön zu anderen Sommerblühern wie Astilben.

Bl.: Goldgelb, Juli–September
H.: 1 m, GR,2–3,abs,-b
Vorsicht vor Schneckenfraß!

Schnee-Marbel (G) *Luzula nivea*

In Europa heimisches, zierliches, horstig wachsendes Gras mit grazilen Blättern und auffallenden weißen Blüten. In der Natur im Unterwuchs lichtschattiger Wälder. Schön in Kombination mit anderen kleineren Wald- und Waldrandstauden wie Farnen, kleineren Storchschnäbeln oder kleineren Funkien. Durch das schmale, feine Laub bietet sich auch die Herausarbeitung von Texturkontrasten, z. B. mit Heuchera, Frauenmantel oder Bergenien, an. Schneckensicher.

Bl.: Weiß, Juni–August
H.: 0,4 m, G,2,hs, GR,2,hs
Rechtzeitiger Rückschnitt verhindert Selbstaussaat

Gold-Felberich *Lysimachia punctata*

In Europa heimische, robuste und frohwüchsige Staude mit vielfältigen Verwendungsmöglichkeiten. Breitet sich durch Ausläufer recht stark aus und kann dadurch lästig werden. Nicht mit zarten und konkurrenzschwachen Stauden vergesellschaften, diese werden sonst überwachsen. Gut für etwas wilde Gartenecken, am Gehölzrand, unter Sträuchern, für feuchte Partien oder Teichränder. Es sind auch buntlaubige Sorten wie 'Alexander' erhältlich.

Bl.: Gelb, Juni–August
H.: 0,6–0,8 m, GR,2–3,so–sch
Schneckensicher, buntlaubige Sorten wachsen schwächer

Straußenfarn, Trichterfarn (F) *Matteuccia struthiopteris*

Heimischer, stark wachsender, sich durch Ausläufer ausbreitender sommergrüner Farn. Kann durch die Ausläuferbildung im Garten lästig werden. Für gepflegte oder formale Pflanzungen ungeeignet. Schön in nicht zu trockenen, etwas wilderen Gartenpartien oder unter größeren Gehölzen. Besonders der junge Austrieb im Frühjahr ist durch die trichterförmige Gestalt, aber auch durch die frischgrüne Farbe der Wedel wunderschön. Schneckensicher.

Bl.: Keine, Farne sind Sporenpflanzen
H.: 0,8–1 m, G,2–3,hs–sch, GR,2–3,hs–sch
Interessante braune fertile (=sporentragende) Wedel

Frühlings-Gedenkemein *Omphalodes verna*

Reizender, sich über Ausläufer und Rhizome ausbreitender Flächendecker mit himmelblauen, dem Vergissmeinnicht ähnlichen Blüten. Bildet mit der Zeit ganze Bestände und ist am zusagenden Standort so frohwüchsig, dass zarte oder schwache Nachbarn überwachsen werden können und zugrunde gehen. Schön zu anderen Frühlingsblühern wie Mahonien oder Kugel-Primeln. Es sind auch weiß- bzw. blau-weißblühende Sorten ('Alba', 'Elfenauge') erhältlich.

Bl.: Blau, April–Mai
H.: 0,1 m, GR,2,so–hs, G,2,hs
Verträgt Schatten und Wurzeldruck, schneckensicher

Hirschzungenfarn (F) *Phyllitis scolopendrium*

Heimischer, wintergrüner, horstig wachsender Farn mit länglichen, schmalen, ungefiederten und glänzenden Wedeln. Robust und anpassungsfähig, kann er viele Jahre am selben Pflanzplatz verbleiben. Schön und pflegeleicht sind Pflanzungen, in denen beispielsweise kleine Gruppen aus Hirschzungenfarnen in verträgliche, durch ihren Blattschmuck wirkende Bodendecker wie *Lamium maculatum* 'White Nancy' eingestreut werden. Schneckensicher.

Bl.: Keine, Farne sind Sporenpflanzen
H.: 0,3–0,5 m, GR,2–3,abs–hs, G,2–3,hs–sch
Auch verschiedene Sorten im Handel

Filigranfarn, Schildfarn (F) *Polystichum setiferum*

Heimischer, wintergrüner, horstig wachsender Farn, breiter als hoch werdend. Die fein gefiederten Wedel sind eine große Zierde. Alte, ausgewachsene Pflanzen sind sowohl durch den wunderschönen Laubaustrieb als auch durch ihre stattliche Statur äußerst eindrucksvoll. Neben der Wildart sind zahlreiche dekorative Sorten mit anders gefiederten Wedeln wie 'Plumosum Densum' (abgebildet) oder 'Cristatum Pinnulum' im Handel erhältlich.

Bl.: Keine, Farne sind Sporenpflanzen
H.: 0,6 m, G,2,hs, GR,2,hs
Anpassungsfähig und langlebig

Kugel-Primel *Primula denticulata*

Bekannte, recht anspruchslose Primel und eine der großen Freuden im halbschattigen Frühlingsgarten. Die kräftigen, hellviolett bis violett gefärbten, kugeligen Blüten erscheinen im fast laublosen Zustand der Pflanzen, die Blätter entfalten sich später und werden zu stattlichen Horsten. Für feuchte, humose Böden, sät sich auch selbst aus und bildet Farbvarianten. Auch schöne Farbsorten wie 'Alba' (weiß) oder 'Rubin' (kräftigrot) sind erhältlich.

Bl.: Hellviolett-violett, März–Mai
H.: 0,3 m, GR,2–3,abs–hs
Prächtige Blüten, schneckensicher

Japanische Etagen-Primel *Primula japonica*

Aus Japan stammende, attraktive Primel mit etagenartig angeordneten Blütenquirlen. Für feuchte, locker-humose Böden vor oder zwischen Gehölzen, für dauerfeuchte Stellen oder Bach- und Teichränder. Neben der Wildart sind auch schöne Sorten im Handel, zum Beispiel die tief purpurrote 'Miller's Crimson', die karminrosa 'Carminea' oder die weiße 'Postford White'. Sehr gute Begleitpflanze zu Rhododendron, schön zu weißbunten oder blauen Hosta.

Bl.: Karminrot, Mai–Juli
H.: 0,4–0,6 m, GR,2–3,hs
Relativ schneckensicher

Lungenkraut *Pulmonaria* in Arten und Sorten

Waldstaude mit hübschen Blüten und häufig sehr attraktivem, silbern gezeichnetem Laub. Da es verschiedene Arten gibt und sehr viel gezüchtet worden ist, ist ein sehr großes, für den Nicht-Fachmann manchmal etwas unübersichtliches Sortiment im Handel. Besonders schön aber Sorten des Schmalblättrigen Lungenkrauts oder die blattschönen Sorten des Klein- und Großgefleckten Lungenkrauts, die sowohl Laub- als auch Blütenschmuckpflanzen sind.

Bl.: Je nach Sorte, weiß, rosa, rot oder blau, März–Mai
H.: 0,2–0,4 m, G,2–3,hs, GR,2–3,abs
Schneckenanfälligkeit variiert sortenabhängig

Gestieltblättriges Schaublatt *Rodgersia podophylla*

Aus Asien stammende Staude von kräftigem, ausladendem Wuchs mit großen, fingerförmig zusammengesetzten Blättern. Blattschmuckpflanze, die aber auch über attraktive, cremeweiße Blütenrispen verfügt. Für kühle Standorte und humose, feuchte Böden. Außer der reinen Art sind verschiedene schöne Sorten wie 'Rotlaub' mit besonders im Austrieb braun getönten Blättern oder 'Smaragd' mit ausgeprägt sattgrünem Laub erhältlich. Absolut schneckensicher.

Bl.: Weiß, Juni–Juli
H.: 1–1,3 m, G,2–3,hs, GR,2–3,abs
Eindrucksvolle Großstaude

Herzblättrige Schaumblüte *Tiarella cordifolia*

Wintergrüner, aus Amerika stammender, recht verträglicher Flächendecker. Breitet sich über Ausläufer aus und bildet mit der Zeit ganze Bestände. Die zarten, schaumigen weißen Blütchen leuchten im Schatten und wirken sehr dekorativ. Für saure, humose Böden, gute Begleitpflanze von Rhododendren. Schön zu anderen Frühjahrsblühern wie Lungenkraut oder Frühlings-Primeln, aber auch zu kleineren Farnen oder Hosta. Vollkommen schneckensicher.

Bl.: Weiß, April–Mai
H.: 0,2 m, G,2,hs–sch, GR,2,hs–sch
Auch Sorten mit attraktiver brauner Blattzeichnung

Kleines Immergrün *Vinca minor*

Immergrüner, wüchsiger Flächendecker, der lange Triebe bildet, die an den Blattknoten wurzeln, und so mit der Zeit dichte Teppiche entstehen lässt. Im Frühjahr erscheinen attraktive, blauviolette Blüten. Zahlreiche Sorten mit abweichenden Blüten- aber auch Laubfarben sind im Handel, das Wuchsverhalten (stark/schwach) ist sortenabhängig. Besonders schön: 'Bowles' mit besonders großen, violettblauen Blüten oder 'Gertrude Jekyll', weißblühend.

Bl.: Blauviolett, April–Mai
H.: 0,1–0,15m, G,2,hs–sch, GR,2,hs–sch
Pflanze ist giftig!

Waldsteinie, Ungarwurz *Waldsteinia ternata*

Vielseitig verwendbarer, wintergrüner Bodendecker mit dreigeteilten, glänzend grünen Blättern und gelben, erdbeerähnlichen Blüten im Frühjahr. Breitet sich über Rhizome und Ausläufer stark aus und besiedelt so auch größere Flächen. Nicht in Kombination mit schwächer wachsenden Stauden verwenden, diese werden überwachsen. Robust, Unkraut verdrängend und unkompliziert, verträgt auch tiefen und trockenen Schatten. Schneckensicher.

Bl.: Gelb, April–Mai
H.: 0,15 m, G,2,hs–sch, GR,2,hs–sch
Für pflegeleichte Flächen- und Unterpflanzungen

Register

Fett gekennzeichnete Seitenzahlen verweisen auf Bildunterschriften.

A
Anemone *Anemone* **42**, **44**
– *A. apennina* 149
– *A. blanda* 149
– *A. hupehensis* 138
– *A. nemorosa* siehe Buschwindröschen
– Herbst- *A. tomentosa* 64, 92, **93**, 104, 109, 136, 138, 142
A. tomentosa 'Robustissima' 101, 115
– Japanische *A.*-Japonica-Hybriden 92, 104, 139
– Wald- *A. sylvestris* 89
Acer siehe Ahorn
Aconitum siehe Eisenhut
Actaea siehe Silberkerze
Adenophora siehe Schellenblume
Adiantum pedatum siehe Pfauenradfarn
Aesculin 126
Aesculus hippocastanum siehe Rosskastanie
Ahorn *Acer*
– Japan-, Eisenhutblättriger *A. japonicum* 'Aconitifolium' 108
– Berg- *A. pseudoplatanus* 127
– Fächer- *A. palmatum* 108
– Rostbart- *A. rufinerve* 108
– Schlangenhaut- *A. capillipes*108
– Schlitz-/Schlitzblatt- *A. palmatum* 'Dissectum' **42,** 130
– Spitz- *A. platanoides* 127
Akelei *Aquilegia* 104
– Alpen- *A. alpina* 108
– Gewöhnliche *A. vulgaris* 139
A. vulgaris 'William Guiness' 139
A. vulgaris 'Nora Barlow' **61**, **103**
Alchemilla siehe Frauenmantel
alkalisch 55
Allelopathie 125 f.
Allium ursinum siehe Bärlauch
Alpenveilchen *Cyclamen*
– Frühlings- *C. coum* **12**, 14, **27**, 89, 115, 143
– Herbst- *C. hederifolium* 115
Amelanchier lamarckii siehe Felsenbirne
Anlauf 124
Apfeldorn siehe Weißdorn
Aquilegia siehe Akelei
Arctostaphylos uva-ursi siehe Bärentraube
Aristolochia macrophylla siehe Pfeifenwinde
Artemisia siehe Beifuß
Aruncus siehe Geißbart
Asarum europaeum siehe Haselwurz
Aster, Wald- *Aster divaricatus* 115
Astilbe siehe Prachtspiere
Astilboides tabularis siehe Tafelblatt
Astrantia siehe Sterndolde
Athyrium filix-femina siehe Frauenfarn
Athyrium niponicum siehe Regenbogenfarn
Anthriscus sylvestris siehe Kerbel
Azalee *Azalea* 89, 92, **109**, 146
– Hybriden 136

B
Bambus **38**
Bärentraube *Arctostaphylos uva-ursi* 107, 114
Bärlauch *Allium ursinum* **88**
Bastardkorallenbeere *Symphoricarpus × chenaultii* 114
Beet 34
Beetstaude 98
Beifuß, China- *Artemisia lactiflora* 105
Beinwell *Symphytum*
– Gelbbunter *S. × uplandicum* 'Axminster Gold' **20**
– Kleiner Kaukasus- *S. grandiflorum* 102
S. grandiflorum 'Goldsmith' 70
Belaubung 26
Belichtung 52, 107
Berberitze *Berberis*
– Buchsbaumblättrige *B. buxifolia* 'Nana' 114
– Gold- *B. thunbergii* 'Aurea' 70
Berberitzengewächse 144
Bergenie *Bergenia* **50,** 104, **123,** 141, 149
– *B. cordifolia* 101
– -Hybriden **76**, **81**, 93
Berggras, Japanisches *Hakonechloa macra* 147
– Buntes Garten- *H. macra* 'Aureola' 147
Beschattung 19, 55
Besenheide *Calluna* 107
Besonnung 20
Betula siehe Birke
Bewässerung 49 f.
Bewässerungssystem 49, 112
Birke *Betula* 52
– Hänge- *B. pendula* 127
– Trauer- *B. pendula* 'Youngii' **126**
Bistorta amplexicaulis siehe Kerzenknöterich
Blattfarbe 15
Blattflecken 36
Blattschmuckpflanze 57, 67
Blatttextur 15, 75 f., **76**, 78
Blühdauer 64, **65**
Blühen, vorauseilendes 88, 116, 142 ff.
Blühpause 74
Blütenfarbe 15, 58, 62
Blütenform 15, 62
Blütengröße 60
Blütenpflanzen 58
Blütenrispe 61
Blütezeit 15, 64, 85
Blut-Weiderich *Lythrum salicaria* 123, **123**
Boden
– anmoorig 52
– nass 121
– sauer 55, 107
Bodendecker **99**, 98, **117**, *124*, 135, 138, 148, 151, 153
Bodenfeuchtigkeit 17, 33, **36**, 49, 52, 55, 82, 99, 103
Bodenleben 55
Bodenlockerung 42
Bodenorganismen 46
Bodenpflege 45
Bodentrockenheit 24
Bodenverdichtung 121
Böschung 121
Brunnera macrophylla siehe Kaukasusvergissmeinnicht
Buche *Fagus* 52, 126
– Rot- *F. sylvatica* 125, 127
Buchenhallenwald 125
Buchsbaum *Buxus sempervirens* 31, **75**, 118, 127, 129 f.
– *B. sempervirens* 'Blauer Heinz' 36
Buchsbaumpilz *Cylindrocladium buxicola* 36, 130
Buschwindröschen *Anemone nemorosa* **12**, 139, 147
A. nemorosa 'Alba Plena' 139
A. nemorosa 'Robinsoniana' 139

C
Calluna siehe Besenheide
Campanula siehe Glockenblume
Cardamine siehe Schaumkraut
Carex siehe Segge
Carpinus betulus siehe Hainbuche
Chamaecyparis obtusa siehe Muschelzypresse
Chelone obliqua siehe Schlangenkopf
Chionodoxa luciliae siehe Schneeglanz
Chlorophyll 8, 68, 70
Christrose siehe Nieswurz
Clematis siehe Waldrebe
Clethra alnifolia siehe Scheineller
Cornus siehe Hartriegel
Corydalis siehe Lerchensporn
Corylopsis siehe Scheinhasel
Corylus avellana siehe Haselnuss
Cotoneaster siehe Felsenmispel
Crataegus siehe Weißdorn
Crocus siehe Krokus
Cyclamen siehe Alpenveilchen

D
Darmera peltata siehe Schildblatt
Dicentra formosa siehe Herzblume
Dicentra spectabilis siehe Tränendes Herz
Digitalis siehe Fingerhut
Drainage 121
Drainageschicht **54**, 55
Dreiblatt *Trillium grandiflorum* 89
Dreiblattspiere *Gillenia trifoliata* **16**
Dryopteris siehe Wurmfarn
Dünger, organisch 116
Durchfeuchtung 51
Durchwurzelung 124

E
Efeu, Gewöhnlicher *Hedera helix* **27**, 85, 98, 100, 114, 118, 129, 132
Eibe *Taxus* 60 83, 85, **117**
– Gewöhnliche *T. baccata* **74**, 118, 137
– Säulen- *T. baccata* 'Fastigiata' 78
Eisenhut *Aconitum* 61, 142
– *A. × cammarum* 90
– *A. × carmichaelii* 'Arendsii' **16**, 92, 138
– Sommer- *A. napellus* 90, 104, 138
A. napellus 'Album' 138
A. napellus 'Bergfürst' 138
A. napellus 'Blue Valley' 138
A. napellus 'Gletschereis' 138
A. napellus 'Rubellum' 138
A. napellus 'Schneewittchen' 138
–Weißblauer *A. × cammarum* 'Bicolor' 36
Elfenblume *Epimedium* 89, **95**, 124
– *E. × perralchicum* 'Frohnleiten' 101, 119
– Garten- *E. × versicolor* 'Sulphureum' 144
– Schwarzmeer- *E. pinnatum* subsp. *colchicum* 115
Enkianthus campanulatus siehe Prachtglocke
Epidermis 73
Epimedium siehe Elfenblume
Eranthis hyemalis siehe Winterling
Erica siehe Heide

Ericaceae siehe Heidekrautgewächse
Erythronium siehe Forellenlilie
– *E. dens-canis* siehe Hundszahnlilie
Euonymus alatus siehe Pfaffenhütchen
Euonymus fortunei siehe Kriechspindel
Euonymus planipes siehe Pfaffenhütchen
Euphorbia siehe Wolfsmilch

F
Falllaub **32**, 33
Farbspektrum 58
Farn **31, 38**, 105. **121**, 147, 149, 153
Fasanenspiere *Physocarpus opulifolius* 100, 114
– *P. opulifolius* 'Diabolo' 72
Fäulnis 31, 33, 44, 46
Federbuschstrauch *Fothergilla* 108
Felberich, Gold- *Lysimachia punctata* 102 150
– *L. punctata* 'Alexander' 150
Felsenbirne *Amelanchier lamarckii* 100, *122, 126*
Felsenmispel *Cotoneaster bullatus* 93
– *C. dammeri* 100
– *C. salicifolius* 100
– Spitzblättrige *C. lucidus* 92
– Weidenblättrige *C. floccosus* 78, 93, 100
Fertigerden 53
Feuerdorn *Pyracantha* 100
– *P. coccinea* 93
– *Pyracantha*-Hybriden 114
Fichte *Picea* 52, 126
– *P. abies* 127
Filigranfarn, Schildfarn *Polystichum*
– Brauns *P. braunii* 108
– Weicher *P. setiferum* **16**, 75, 102, 151
P. setiferum 'Plumosum Densum' 151
P. setiferum 'Cristatum Pinnulum' 151
Filipendula siehe Spierstaude
Filipendula ulmaria siehe Mädesüß, Sumpf-
Fingerhut *Digitalis* **38**, 105
– *D. purpurea* **31**
– *D.* × *mertonensis* **61**
– Rostfarbiger *D. ferruginea* 108
Flächenstauden **46**
Flachwurzler 34, 112, 124 f.
Flieder *Syringa vulgaris* 100, 127
Forellenlilie *Erythronium*-Hybride 'Pagoda' **88**
Formschnittgehölz 79, 98, **99**, 137
Fothergilla siehe Federbuschstrauch
Fräse 43
Frauenfarn *Athyrium filix-femina* 93, 101, 108, 119
Frauenmantel *Alchemilla* **22, 103, 35, 75, 79, 123**, 138, 149
– *A. mollis* **16, 31**, 62, **63**, 101, 104
Frostempfindlichkeit **81**
Frostgare 43
Frostgefahr 82
Frostkern 82
Frosttrocknis 82
Fruchtschmuck 83, 92
Frühjahrsblüher 89
Frühlingsknotenblume *Leucojum vernum* 88, 149
Frühlings-Platterbse *Lathyrus vernus* 89
Funkie *Hosta* **16, 20, 22, 31, 36, 52, 59, 67, 91**, 109, 140, 147 ff., 153
– *H. undulata* 'Univittata' 68
– *H.*-Hybride 'Francee' 68
– *H.*-Hybride 'Patriot' 68
– Blaublatt- *H. sieboldiana* 'Elegans' **77**, 102

G
Galanthus siehe Schneeglöckchen
Galium odoratum siehe Waldmeister
Gaultheria siehe Rebhuhnbeere
Gedenkemein, Frühlings- *Omphalodes verna* 89, 102, 105, 139, 150
Gehölz 11 und passim, **14**
– intolerant 125
– bodendeckend 32
– flachwurzelnd 124
– immergrün 27, 80 f., 84
– schattenverträglich 116
– trockenheitsverträglich 114
Gehölzbodendecker 126
Gehölzkrone 36
Gehölzpflanzung **88**
Gehölzrand 13, 15, **20**, 29, 31, **32**, 33
– sonnig **14**, 17, 25, **59**
– absonnig **14**, 17, 22, 24 f.
– halbschattig 17
– vollschattig 17, 38
Gehölzrandpflanzungen 33
Gehölzrandstauden **35**
Gehölzstauden **35**
Geißbart *Aruncus* **67**, 104, **105**, 141
– Wald- *A. dioicus* **12, 59**, 61, 101, 115, 119, 140, 144 f.
– Zwerg- *A. aethusifolius* 108
Geißblatt *Lonicera* 85
– Echtes *L. caprifolium* 134
– Gold- *L.* × *tellmanniana* 134
Geländemulde 121
Gelbfärbung 55
Geranium siehe Storchschnabel
Geum siehe Nelkenwurz
Gewässerrand **121**
Glockenblume *Campanula* 62, 145
– Dolden- *C. lactiflora* 104, **105**
– Nesselblättrige *C. trachelium* 104
– Wald- *C. latifolia* **105**, 140 f.
C. latifolia var. *macrantha* 60, 105
Goldnessel *Lamiastrum galeobdolon*
– Garten- *L. galeobdolon* 'Hermann's Pride' 148
– Garten- Silbrige *L. galeobdolon* 'Florentinum' 102, 105, 115, 119
Granit 55
Gras **35**, 105, 129, 140, 147, 149
Greiskraut *Ligularia* **49, 91**
– Purpur *L. dentata* **105, 123**, 129
L. dentata 'Desdemona' 149
Großsträucher **31**
Gruppenstauden **46**
Gunnera manicata siehe Mammutblatt

H
Hainbuche *Carpinus betulus* **75**
Hainsimse, Schnee- *Luzula nivea* 108
Hakonechloa macra siehe Berggras, Japanisches
Halbschatten 19 f., 22, 29, 31, 58
Halbschattenbeet 25
Halbschattengehölze 92
Hamamelis siehe Zaubernuss
Hartriegel *Cornus*
– *C. alba 122*
Sibirischer *C. alba* 'Sibirica' 95, **95**
Weißbunter *C. alba* 'Elegantissima' 68
– Blumen- Chinesischer *C. kousa* var. *chinensis* 108, 129, 131
– Roter *C. sanguinea* 100, 114, 122
C. sanguinea 'Winter Beauty' 95
– *C. sericea* 'Flaviramea' 95
Haselnuss *Corylus avellana* 100, 126
– Korkenzieher- *C. avellana* 'Contorta' 78
Haselwurz, Europäische Asarum europaeum 16, **117**, 119
Hasenglöckchen *Hyacinthoides* **25**
– *H. non-scripta 88*
– Spanisches, Blauglöckchen *H. hispanica* **12**, 89
Hecke 112
Heckenkirsche *Lonicera*
– *L. coerulea 100, 122*
– *L. tatarica* 100, 122
– Rote *L. xylosteum* 118
– Vorfrühlings- *L.* × *purpusii* 89
Hedera helix siehe Efeu
Heide *Erica*
– Schnee- *E. carnea* 95, 107
Heidekrautgewächse *Ericaceae* 55, **55**, 107
Heidelbeere *Vaccinium myrtillus* 107
Helleborus siehe Nieswurz
Hemerocallis siehe Taglilie
Hemlocktanne *Tsuga*
– *T. canadensis* 108
Hänge- *T. canadensis* 'Pendula' 78
Hepatica nobilis siehe Leberblümchen
Herbstfärbung 92
Herzblume *Dicentra formosa* **20**, 62, **63**
Herzwurzler 34, 112, *124 f.*
Heuchera siehe Purpurglöckchen
Hirschzungenfarn *Phyllitis scolopendrium* **36, 75**, 102, 119, 151
Höhenstaffelung **79**
Holunder *Sambucus*
– Schwarzer *S. nigra 122*
S. nigra 'Black Lace' **72**
Holzhäcksel 53
Hornmehl 44
Hornspäne 44
Hortensie *Hydrangea* 61, 90, **91**, 103, **121**, 122, 129
– *H. anomala* subsp. *petiolaris* 85, 92, 132
– *H. macrophylla* 133
– *H. serrata* 133
– Ball- 62
– Eichenblatt- *H. quercifolia* **31**
– Kletter- **84**
– Rispen- *H. paniculata* 133
H. paniculata 'Bobo' 133
H. paniculata 'Limelight' 133
H. paniculata 'Pinky Winky' 133
– Schneeball- *H. arborescens* **91**, 92
Schneeball- *H. arborescens* 'Annabelle' **61**
Hosta siehe Funkie
Hülse, Japanische *Ilex crenata* 130
Humus 52, 53, 55
Hundszahnlilie *Erythronium dens-canis* 89
Hyacinthoides siehe Hasenglöckchen
Hydrangea siehe Hortensie
Hypericum siehe Johanniskraut

I
Ilex siehe Stechpalme
Ilex crenata siehe Hülse, Japanische
Immergrün *Vinca*
– Großes *V. major* 114, 118
– Kleines *V. minor 27, 102, 119, 124, 153*
V. minor 'Bowles' 153
V. minor 'Gertrude Jekyll' 153
Immergrüne **82**, 83 f., **84**, 130

J
Jahrestemperatur 107
Jakobsleiter *Polemonium caeruleum* 102, 105
Japanisches Maiglöckchen *Reineckea carnea* 92
Johannisbeere *Ribes*
– Alpen- *R. alpinum* 'Schmidt' 114, 122
– Gold- *R. aureum* 100
Johanniskraut *Hypericum*
– *H. androsaemum* 90
– *H. × moserianum* 114
– Niedriges *H. calycinum* 118
Judenbart **50**
Juglans regia siehe Walnuss

K
Kalmia siehe Lorbeerrose
Kandelaber-Ehrenpreis *Veronicastrum* 105
– *V. sibiricum* 102
– Spitzblättriger *V. virginicum* **91**, 92
Kastanie *Aesculus hippocastanum* 126, **126**
Kaukasusvergissmeinnicht *Brunnera macrophylla* 89, 105
B. macrophylla 'Betty Bowring' 141
B. macrophylla 'Jack Frost' 73, **76**, 141
B. macrophylla 'Looking Glass' 73
B. macrophylla 'Silver Wings' 73
Kerbel, Wald- *Anthriscus sylvestris* 'Ravenswing' **59**
Kerzenknöterich *Bistorta amplexicaulis* 104
Kies **54**, 55
Kirengeshoma palmata siehe Wachsglocke
Kirsche, Zier- **126**
Kleingehölze 31
Kleinklima **36**
Kletterpflanzen 85, 129
Kletter-Spindelstrauch siehe Kriechspindel
Klimaschutz 53
Knochenmehl 44
Knolle 88
Knollenpflanzen **27**, 88
Knöterich *Polygonum affine* **72**
Knöterich, Kerzen- *Bistorta amplexicaulis* **93**, **123**, 136
Kohlendioxid 53
Kokosfaser 53
Kompost 43, 45 f., 53, 55
Königsfarn *Osmunda regalis 123*
Konkurrenz 26, 34
Korallenbeere *Symphoricarpus* 100, 118
– *S. × chenaultii* 118
– *S. × doorenbosii* 100, 118
S. × doorenbosii 'Magic Berry' 114
– *S. orbiculatus* 100, 118
Kornelkirsche *Cornus mas 89*
Kriechspindel, Kletter-Spindelstrauch *Euonymus fortunei* 100
E. fortunei 'Coloratus' 132
E. fortunei 'Emerald Gaiety' 132
E. fortunei 'Emerald 'n Gold' 95
E. fortunei 'Gracilis' 132
E. fortunei 'Minimus' 132
– *E. fortunei* var. *radicans* 114, 118
Krokus, Elfen- *Crocus tommasinianus* 95
Krötenlilie *Tricyrtis hirta* 92
– *T. macropoda* 92
Kühlung, adiabatische 38
Kümmerwuchs 43

L
Lamiastrum galeobdolon siehe Goldnessel
Lamium siehe Taubnessel
Lathyrus vernus siehe Frühlings-Platterbse
Laub 32, 53
Laubfarbe 90
Laubgehölze 26, 32, 84
Laubtextur 90
Lavendelheide *Pieris japonica* **55**, 89, 118
Lebensbereiche 13
Leberblümchen *Hepatica nobilis* **12**, 62, 88, 104, 147
– *H. transsylvanica* 104
Lehmboden 52 f., 55. 121
Lenzrose siehe Nieswurz
Lerchensporn *Corydalis*
– Gelber *C. lutea* 115, 119
– Hohler *C. cava 88*
Leucojum aestivum siehe Sommer-Knotenblume
Leucothoë walteri siehe Lorbeerkrüglein
Lichtbedarf 26
Lichtintensität 19 f., 24, **25**, 26
Lichtmangel 26
Lichtmenge 19 f., 24, 26
Lichtstärke 19
Ligularia siehe Greiskraut
Liguster *Ligustrum* 60
– Gewöhnlicher *L. vulgare* 114, 118, 127, 134
L. vulgare 'Atrovirens' 134
L. vulgare 'Lodense' 134
Lilientraube *Liriope muscari* 92, **93**, **105**, 119, 136, 142
Liriope muscari siehe Lilientraube
Lonicera siehe Geißblatt
Lonicera siehe Heckenkirsche
Lorbeer-Kirsche *Prunus laurocerasus* 62, 83, 118, 135
– *P. laurocerasus* 'Herbergii' 135
– *P. laurocerasus* 'Rotundifolia' 135
– *P. laurocerasus* 'Schipkaensis Macrophylla' 135
Lorbeerkrüglein *Leucothoë walteri* 89
Lorbeerrose *Kalmia* 107
Luftabschluss 32
Luftbewegung 36, **39**
Luftfeuchtigkeit **8**, 36, **36**, 38, **39**, 52, 55, 82, 103
Luftmangel 55
Lungenkraut *Pulmonaria* **15**, **31**, 60, 105, 152 f.
P. 'Sterling Silver' 73
P. 'Reginald Kaye' 73
P. 'Highdown' 73
– *P. dacica* 'Blue Ensign' 89
– *P. saccharata* 'Majesté' 140
– Großgeflecktes 152
– Kleingeflecktes 152
– Schmalblättriges 152
Lux 26
Luzula nivea siehe Schnee-Marbel
Luzula siehe Marbel
Lysimachia nummularia siehe Pfennigkraut
Lysimachia punctata siehe Gold-Felberich
Lythrum salicaria siehe Blut-Weiderich

M
Mädesüß, Sumpf- *Filipendula ulmaria 123*
Magnolie, Sommer- *Magnolia sieboldii* 108
Mahonie *Mahonia* 150
– Gewöhnliche *M. aquifolium* 89, 114, 118, 135
M. aquifolium 'Apollo' *135*
Maiglöckchen *Convallaria majalis* 62, 89
C. majalis 'Striata' **32**
Mammutblatt *Gunnera manicata* **79**
Marbel *Luzula*
– Schnee- *L. nivea* 149
– Wald- *L. sylvatica* 102, 108, *119*
Märzenbecher siehe Frühlingsknotenblume
Matteuccia struthiopteris siehe Straußenfarn, Trichterfarn
Meconopsis betonicifolia siehe Scheinmohn, Himalaya-
Mehlbeere *Sorbus aria* 126
Molinia arundinacea 'Karl Foerster' siehe Pfeifengras
Moor 53
Mulch 45 f., 55, 131
– organischer 116
Mulchschicht 33, 49, **54**, 55, 111
Muscari latifolium siehe Traubenhyazinthe
Muschelzypresse, Zwerg- *Chamaecyparis obtusa* 'Nana Gracilis' 108

N
Nadelgehölz 82, 84
Nadelstreu 53
Nadelwald 32
Nährstoffbedarf 45
Nährstoffe 45 f., 55
Nährstoffgehalt 107
Nährstoffversorgung **42**, 116
Narzisse, Engelstränen- **15**
Nelkenwurz *Geum* 104
– Bach- *G. rivale 123*
– Garten- *G. coccineum* 'Werner Arends' 101, 146
Niederschlag 31, 36, 107
Nieswurz *Helleborus*
H.-orientalis-Hybriden 95
– Christrose *H. niger* **15,** 95, 104
– Lenzrose *H. orientalis* **15**, 36, 104
– Stinkende *H. foetidus* 115

O
Ökosystem 53
Omphalodes verna siehe Gedenkemein
Onoclea sensibilis siehe Perlfarn
Osmunda regalis siehe Königsfarn
Oster-Schneeball *Viburnum × burkwoodii* 89

P
Pachysandra terminalis siehe Schattengrün
Panaschierung 68
Perlfarn *Onoclea sensibilis* **49**
Pfaffenhütchen *Euonymus*
– Geflügeltes *E. alatus* 92
– Großfruchtiges *E. planipes* 108
Pfauenradfarn *Adiantum pedatum* **74**, 108
Pfeifengras *Molinia arundinacea* 'Karl Foerster' 78
Pfeifenstrauch *Philadelphus* 100
– *P. coronarius* 'Variegatus' 68
Pfeifenwinde *Aristolochia macrophylla* 130
Pfennigkraut *Lysimachia nummularia* 46, **46, 50**
Pflanzsubstrat **54**, 125
Pflanzflächen **22**

Pflanzungen 34
Pflegeleichtigkeit 98
Philadelphus siehe Pfeifenstrauch
Phlox *Phlox*
– Hoher Stauden- *P. paniculata* **91**
– Wald- *P. divaricata* var. *divaricata* 108
Photosynthese 41, 49, 68
Phuopsis stylosa siehe Scheinwaldmeister
pH-Wert 52 f., 55, 90, 107, 109, 133
Phyllitis scolopendrium siehe Hirschzungenfarn
Physocarpus opulifolius siehe Fasanenspiere
Picea siehe Fichte
Pieris japonica siehe Lavendelheide
Pilzkrankheit 31, 36, 50
Pinus sylvestris siehe Wald-Kiefer
Polemonium caeruleum siehe Jakobsleiter
Polyestervlies 124
Polygonatum odoratum var. *odoratum* siehe Salomonssiegel, Echtes
Polystichum siehe Filigranfarn, Schildfarn
Porzellanblümchen, Schatten- *Saxifraga × urbium* 102, 105
Prachtglocke *Enkianthus campanulatus* 92
Prachtspiere *Astilbe* **22**, **59**, 61, 64, **68**, 90, 104, 109, 140, 145, 147, 149
– *A. glaberrima* 'Sprite' **38**
– *A. × arendsii* 101, 123
– Chinesische *A. chinensis* 101
– Riesen- *A. rivularis* **76**
Primel *Primula* **121**, **123**, *123*
– *Etagen- P. × bullesiana* **61**, **109**, *123*
– Japanische Etagen- *P. japonica* 105, 152
P. japonica 'Carminea' 152
P. japonica 'Miller's Crimson' 152
P. japonica 'Postford White' 152
– Kissen- 149
– Kugel- *P. denticulata* 89, 105, 150 f.
P. denticulata 'Alba' 151
P. denticulata 'Rubin' 151
– Orchideen- *P. vialii* 108
– Siebolds *P. sieboldii* 105, 108
– Tibet- *P. florindae* 105
Prunus laurocerasus siehe Lorbeer-Kirsche
Prunus serrulata 'Amanogawa' siehe Säulen-Kirsche
Pulmonaria siehe Lungenkraut
Purpurglöckchen *Heuchera* **59**, 105, 149, **105**
– *H. micrantha* 101
– *H.*-Hybriden **35**, *72*
Pyracantha siehe Feuerdorn

Q
Quarzit 55

R
Rebhuhnbeere *Gaultheria* 107
Regenbogenfarn, Japanischer *Athyrium niponicum* 'Metallicum' **72**, 108, **109**, 140
Regenschatten **50**, 112
Reineckea carnea siehe Japanisches Maiglöckchen
Rhododendron- Erden 53
Rhododendron *Rhododendron* 36, 52 f., 55, **55**, 61 f., **79**, **82**, 83, 89, 107, **107**, 109, **109**, 126, 136
– Hybriden **61**, 136
R. 'Catawbiense Grandiflorum' 136
R. 'Cunnigham's White' 136
R. 'Roseum Elegans' 136
– *R. luteum* 136
– Vorfrühlings- *R. praecox* 89
– *Yakushimanum*-Hybriden 136
Rhodotypos scandens siehe Scheinkerrie
Ribes siehe Johannisbeere
Rindenmulch 43 f., 53. 55
Robinia pseudoacacia siehe Scheinakazie
Rodgersia siehe Schaublatt
Rosen 31
Rosskastanie *Aesculus hippocastanum* 127

S
Salomonssiegel, Echtes *Polygonatum odoratum* var. *odoratum* 115
Sambucus siehe Holunder
Sandboden 53, 55, 121
Säulen-Kirsche *Prunus serrulata* 'Amanogawa' 126
Saxifraga cortusifolia siehe Steinbrech
Saxifraga × urbium siehe Porzellanblümchen
Saxifraga × urbium siehe Schattensteinbrech
Schachbrettblume *Fritillaria meleagris* **88**
Schatten
– licht 19 f.
– tief 19, 26, 58, 116
– trocken 112
– wandernd 19
Schattenbeet 29
Schattenblüher 61
Schattenblüten 58
Schattengrün *Pachysandra terminalis* **117**, 118, 135
Schattenpflanze 36, 60
Schattenpflanzung 42, 57, 62
Schattensteinbrech *Saxifraga × urbium* **61**
Schaublatt *Rodgersia* 105
– *R. aesculifolia* 102
– *R. pinnata* **36**
– Gestieltblättriges *R. podophylla* 102, 152
R. podophylla 'Rotlaub' **77**, 152
R. podophylla 'Smaragd' 152
Schaumblüte *Tiarella* **35**, 105, 108, 124
– Herzblättrige *Tiarella cordifolia* 102, *119*, 153
Schaumkraut, Wiesen- *Cardamine pratensis 123*
Scheinakazie *Robinia pseudoacacia* 126 f.
Scheineller *Clethra alnifolia 122*
Scheinhasel *Corylopsis* 108
Scheinkerrie *Rhodotypos scandens* 114
Scheinmohn, Himalaya- *Meconopsis betonicifolia* 108
Scheinwaldmeister *Phuopsis stylosa* **74**
Schellenblume *Adenophora*-Hybride 'Amethyst' 90
Schildblatt *Darmera peltata* **49**
Schildfarn siehe Filigranfarn
Schirmtanne *Sciadopitys verticillata* 108
Schlangenbart, Schwarzer *Ophiopogon planiscapus* 'Niger' 71 f., 81, **102,** 140
Schlangenkopf *Chelone obliqua* 90
Schlingpflanzen 85
Schlingstrauch 130, 134
Schlüsselblume 139, 147
Schmiele, Wald- *Deschampsia cespitosa* **79**, 143
D. cespitosa 'Bronzeschleier' 143
D. cespitosa 'Goldgehänge' 143
D. cespitosa 'Goldschleier' 143
D. cespitosa 'Northern Lights' 143
Schnecken 97, 103
Schneckenkorn 103
Schneckensichere Stauden 104 f.
Schneckenzaun 103
Schneeball *Viburnum* **16**
– *V. × pragense* 100
– Etagen-, Japanischer *V. plicatum* 'Mariesii' 137
– Gemeiner, Wasser- *V. opulus* 100, 122
– Kissen- *V. davidii* 108
– Oster- *V. × burkwoodii* 129, 137
Schneebeere *Symphoricarpus* 100
– *S. albus* var. *laevigatus* 100
Schneeglanz *Chionodoxa luciliae* 89, 142, 144
Schneeglöckchen *Galanthus* 143
– *G. nivalis* **12**, 89, 95, 144 f.
G. nivalis 'Flore Pleno' 145
G. nivalis 'Viridiapice' 145
Schnitthecke 137
Schotter **54**, 55
Schwarztorf 55
Sciadopitys verticillata siehe Schirmtanne
Segge *Carex*
– Breitblatt- *C. plantaginea 119*
– Gelbgrüne Garten- *C. elata* 'Bowles Golden' 108, **109**
– Japan-, Weißrandige *C. foliosissima* 'Icedance' **35**, 142
– Morgenstern- *C. grayi* 108
– Schatten- *C. umbrosa* 115
– Vogelfuß- *C. ornithopoda* 115
Seidelbast 60
Silberglöckchen, Garten- *Heuchera villosa* 'Caramel' 147
Silberkerze *Actaea* (früher: *Cimicifuga*) 61 f., 90
– September-, Dunkle *A. simplex* 'Atropurpurea' 63
A. simplex 'Brunette' 72, 142
A. simplex 'Pink Spike' 72
Skimmie *Skimmia* 107
– *S. japonica* 93, 107, 118, 136
S. japonica 'Rubella' 107
Sommerblüher 90, **91**
Sommer-Knotenblume *Leucojum aestivum* 89
Sonnenbrand 70
Sonneneinstrahlung 70
Sonnenempfindlichkeit 73
Sorbus aria siehe Mehlbeere
Spierstaude, *Rosa Filipendula rubra* 'Venusta' *123*
Stachys grandiflora siehe Ziest
Stammschutz 125
Standortamplitude 99
Standortanspruch **55**, 99
Standortbedingung 29, 83, 103
Standortfaktor 99
Stauden 11 und passim
– flachwurzelnd 124
– herbstblühend 136
– schattenverträglich 116
– trockenheitsverträglich 114
Staudenbodendecker **35**, 89
Staudengärtnerei 17
Staunässe 24, 43, 52 f., 55
Stechpalme *Ilex* 85
– *I. aquifolium* 78, **81**, 93, 118, 133
I. aquifolium 'J. C. van Tol' 133
– *I. × altaclarensis* **81**
Steinbrech, Oktober- *Saxifraga cortusifolia* var. *fortunei* 92
Steinbrechgewächse 141
Steinsame *Lithospermum purpurocaeruleum* 115
Sterndolde *Astrantia* 105, 140 f.
– *A. major* 101, 64, **65**
– Rosa *A. major* 'Roma' **59**
– Weißbunte *A. major* 'Sunningdale Variegated' **68**
Stickstoff 44

Stickstoffmangel 44
Storchschnabel *Geranium* **16**, **31**, **63**, 64, 104, 140, 149
– Bergwald- Knotiger *G. nodosum* 101, 104, *119*
– Brauner *G. phaeum* 101, 104
– Felsen- *G. macrorrhizum* **61**, **112**, 115
– Garten- *G.*-Gracile-Hybride 'Sirak' 104
– Garten-Oxford- *G.* × *oxonianum* 146
G. × *oxonianum* 'Claridge Druce' 146
G. × *oxonianum* 'Königshof' 146
G. × *oxonianum* 'Wargrave Pink' 101
– *G.*-Hybride 'Rozanne' 64
– Prächtiger *G.* × *magnificum* 104, 145
– Pyrenäen- *G. endressii* 104
– Veränderlicher *G. versicolor* 101
– Wald- *G. sylvaticum* 60, 104, 119, 144, 146
G. sylvaticum 'Baker's Pink' 146
G. sylvaticum 'Ice Blue' 146
G. sylvaticum 'Prelude' 146
Straußenfarn, Trichterfarn *Matteuccia struthiopteris* **15**, 150
Struktur 78, **79**
Substrat 124 f.
Symphoricarpus siehe Schneebeere, Korallenbeere
Symphoricarpus × *chenaultii* siehe Bastardkorallenbeere
Symphytum siehe Beinwell
Syringa siehe Flieder

T

Tafelblatt *Astilboides tabularis* **77**, 104, 123
Taglilie *Hemerocallis*
– *H.*-Hybriden **65**
– Braunrote *H. fulva* 90, 98
– Wiesen- *H. lilioasphodelus* *123*
Taubnessel *Lamium*
– Gefleckte *L. maculatum* 148
L. maculatum 'Beacon Silver' 148
L. maculatum 'Golden Anniversary' 148
L. maculatum 'Pink Pewter' 148
L. maculatum 'White Nancy' 115, 148, 151
Taxus siehe Eibe
Teichrandpflanzung **123**
Temperatur 38, **39**, 52
Texturkontrast **76**
Texturstufe 74
Tiarella siehe Schaumblüte
Tiefschatten **27**
Tiefwurzler 34
Tonboden 52, 121
Torf 53
Torfersatzstoff 53
Tränendes Herz *Dicentra spectabilis* 89, 143
D. spectabilis 'Alba' **61**, 143
D. spectabilis 'Goldheart' 143
D. spectabilis 'Valentine' 143
Traubenhyazinthe *Muscari latifolium* **88**
Treibhauseffekt 53
Trichterfarn *Matteuccia struthiopteris* 102
Tricyrtis hirta siehe Krötenlilie
Trillium siehe Dreiblatt
Trockenheit 26, 53
Trollblume **49**
Tropfenfall 31, **31**
Tsuga siehe Hemlocktanne
Turiner Meister *Asperula taurina* 101, *119*

U

Unkrautbekämpfung 46
Unterpflanzbarkeit 126
Unterpflanzung 34, 142, 147
UV-Strahlung 68

V

Vaccinium myrtillus siehe Heidelbeere
Vegetationsperiode 65, 67, 73, **71**, 83, 88, **93**, 98
Vegetationsruhe 95
Verdichtung 42
Verdunstung 36, 38, **39**
Verdunstungskühlung 38, **39**
Verdunstungsschutz 73, 82
Vergissmeinnicht 150
Verhagern 33
Verhungern 53
Vernässung 32, 46
Veronicastrum siehe Kandelaber-Ehrenpreis
Viburnum siehe Schneeball
Vinca siehe Immergrün
Volldünger 44
Vollschatten 19, 24, 58

W

Wachsglocke *Kirengeshoma palmata* 92
Wald 13, 15
Waldboden 52, 147
Wald-Kiefer *Pinus sylvestris* 126
Waldmeister *Galium odoratum* **32**, 60, 144, 146
Waldpflanzen **31**, 33
Waldrand 13, 15
Waldrebe *Clematis*
– Alpen- *C. alpina* 131
– Anemonen- *C. montana* 131
C. montana 'Alba' 85
Waldstaude 32, 36
Waldsteinie, *Waldsteinia* 105, 124
– Ungarwurz *W. ternata* 78, **80**, 89, 102, 115, 119, 153
Walnuss *Juglans regia* 126 f.
Wasserabzug 52 f., 53, 55
Wasserhaltefähigkeit 55
Wassermangel 116
Wasserversorgung **42**
Weißdorn *Crataegus*
– *C. laevigata* 100
– *C. monogyna* 114
– Pflaumenblättriger *C.* × *prunifolia* 126
– Scharlach- *C. coccinea* 126
Welkekrankheit 36
Wintergrün 141, 148
Winterhärte 80,82
Winterling *Eranthis hyemalis* 88, 143 f.
Winterpflanzungen 95
Winterruhe 93
Wolfsmilch *Euphorbia*
– Himalaya- *E. griffithii* 92, 104, 146
– Mandelblättrige *E. amygdaloides* subsp. *amygdaloides* 115
– Sumpf- *E. palustris* 123, 104, 145 f.
Wuchsform 78
Wuchshöhe 15, 78, **79**, 82, 85
Wüchsigkeit 73
Wuchskraft 68
Wuchsrichtung 79
Wurmfarn, Gewöhnlicher *Dryopteris filix-mas* 101, 108, 119, 144
Wurzel, flachstreichende 125
Wurzelballen **54**, 55, *124*
Wurzeldruck 34, 124, 132, 135
Wurzelgeflecht 34
Wurzelsystem 33 f., 45, 125
Wurzelverätzung 55
Wurzelwerk 26

Z

Zaubernuss *Hamamelis* × *intermedia* 'Pallida' 95
– *H.* × *intermedia* 'Ruby Glow' 95
– Herbstblühende *H. virginiana* 92
Ziegelsplitt 44
Ziest, Großblütiger Garten- *Stachys grandiflora* 'Superba' 105
Zwiebel 88 f.
Zwiebelpflanze **25**, 26, 88, 116

Adressen

Gehölze und Stauden:

Eggert Pflanzenhandel
25594 Vaale
Telefon: +49 (0) 48 27 / 93 26 27
Fax: +49 (0) 48 27 / 93 26 28
E-Mail: verkauf@eggert-baumschulen.de
Internet: www.eggert-baumschulen.de

Baumschule Horstmann
25582 Hohenaspe
Telefon: +49 (0) 48 92 / 89 93 - 400
Fax: +49 (0) 48 92 / 89 93 - 444
E-Mail: info@baumschule-horstmann.de
Internet: www.baumschule-horstmann.de

Baumschule New Garden
46325 Borken-Weseke
Telefon: +49 (0) 28 62 - 70 02 07
Fax: +49 (0) 28 62 - 58 98 60
E-Mail: info@new-garden.de
Internet: www.baumschule-newgarden.de

Gustav Schlüter GmbH
Bahnhofstrasse 5
25335 Bokholt-Hanredder
Telefon: +49 (0) 41 23 / 20 21
Fax: +49 (0) 41 23 / 70 88
E-Mail: versand@garten-schlueter.de
Internet: www.garten-schlueter.de

Stauden:

blattgrün Gärtnerei
38176 Wendeburg – OT Wendezelle
Telefon: +49 (0) 5303 / 93 07 09
Fax: +49 (0) 53 03 / 9 79 35 92
E-Mail: info@blattgruen.com
Internet: www.blattgruen.com

Friesland Staudengarten
26441 Jever / Rahrdum
Telefon: +49 (0) 44 61 / 37 63
Telefon: +49 (0) 44 61 / 37 64
Fax: +49 (0) 44 61 / 23 07
E-Mail: info@friesland-staudengarten.de
Internet: www.gartenschaetze.de

Sarastro-Stauden
4974 Ort im Innkreis 131 / Österreich
Fax: +43 (0) 77 51 / 84 24-3
Mobil: +43 (0) 664 / 2 61 03 62
E-Mail: office@sarastro-stauden.com
Internet: www.sarastro-stauden.com

Staudengärtnerei Frank
82064 Straßlach-Dingharting (Holzhausen)
Telefon: +49 (0) 81 70 / 99 76 06
Fax: +49 (0) 81 70 / 99 76 06
E-Mail: info@stauden-frank.de
Internet: www.stauden-frank.de

Staudengärtnerei Gaißmayer
89257 Illertissen
Telefon: +49 (0) 73 03 / 72 58
Fax: +49 (0) 73 03 / 4 21 81
E-Mail: info@gaissmayer.de
Internet: www.pflanzenversand-gaissmayer.de

Staudengärtnerei Gräfin von Zeppelin OHG
D-79295 Sulzburg-Laufen / Baden
Telefon: +49 (0) 76 34 / 55 039-0
Fax: +49 (0) 76 34 / 65 99
E-Mail: info@graefin-von-zeppelin.de
Internet: www.graefin-von-zeppelin.de

Stauden Junge
31787 Hameln
Telefon: +49 (0) 51 51 / 34 70
Fax: +49 (0) 51 51 / 92 43 45
E-Mail: info@stauden-junge.de
Internet: www.stauden-junge.de

Staudenkulturen Stade
46325 Borken-Marbeck
Telefon: +49 (0) 28 61 / 26 04
Fax: +49 (0) 28 61 / 6 51 36
E-Mail: info@stauden-stade.de
Internet: www.stauden-stade.de

MIX
Papier aus verantwortungsvollen Quellen
FSC® C004592

Verlagsgruppe Random House FSC® N001967

1. Auflage

Fotos © Elke Borkowski
Satz und Layout: Anna Jansen, Büro 18, Friedberg (Bay.)
Lithografie: Helio Repro, München
Druck und Bindung: Firmengruppe APPL, aprinta druck, Wemding
Papier: Profimatt
Printed in Germany
ISBN 978-3-421-04003-9
www.dva.de